고개 숙인 대한민국

KI신서5594

고개 숙인 대한민국

1판 1쇄 인쇄 2014년 5월 14일
1판 1쇄 발행 2014년 5월 16일

지은이 신지호
펴낸이 김영곤 **펴낸곳** (주) 북이십일 21세기북스
부사장 임병주
기획 주명석 **디자인 표지** 곽유리 **본문** 윤인아
영업본부장 이희영 **영업** 권장규 정병철
마케팅1본부장 안형태 **마케팅** 최혜령 김홍선 이영인 강서영
출판등록 2000년 5월 6일 제10-1965호
주소 (우413-120) 경기도 파주시 회동길 201(문발동)
대표전화 031-955-2100 **팩스** 031-955-2151 **이메일** book21@book21.co.kr
홈페이지 www.book21.com **트위터** @21cbook
블로그 b.book21.com **페이스북** facebook.com/21cbooks

ISBN 978-89-509-5536-6 03320
책값은 뒤표지에 있습니다.

고개 숙인
대한민국

신지호 지음

21세기북스

차 례

5장 국가 쇠락 부추기는 '민주주의의 실패'

머리말

대한민국이 고개를 숙였다. 국력이 쇠퇴하기 시작한 것이다. K팝이 세계를 휩쓸고 삼성전자의 분기 영업이익이 10조 원을 돌파했는데 무슨 뚱딴지같은 소리냐고 반문하는 분들도 있겠지만, 지난 60년간 욱일승천旭日昇天해왔던 대한민국의 기세는 꺾였고, 국력을 나타내는 각종 지표는 정체 내지 하강곡선을 그리기 시작했다. "1970년대 두 차례의 오일쇼크와 1997년 외환위기, 2008년 세계 금융위기와 같은 역경도 잘 넘겨왔는데 무슨 소리냐? 지금 경기가 안 좋은 것은 사실이지만, 이 또한 극복할 수 있지 않겠는가?"라고 반박할 수 있다. 나 또한 그렇게 되기를 간절히 바란다.

그러나 우리는 현재 위기가 과거 경험했던 것들과 다르다는 점을 직시해야 한다. 앞선 위기들이 유가급등, 국제 투기자본의 외환회수, 세계적 금융회사의 파산 등 주로 나라 밖 요인들에 의해 촉발·진행된 것이라면, 현재의 국력쇠퇴는 초고속·압축 고령화, 성장에 따른 낙수 효과의 소멸, 근로정신의 퇴화, '민주주의의 실패'로 인한 사회적 비용 증가 등 내부요인에 의한 것이다. 전자가 강한 외부충격으로 자각증세가 뚜렷이 나타난 것이었다면, 후자는 강렬한 고통을 유발하지 않고 서서히 진행되는 암세포 확산과 같아 자각증세가 미약하다. 실제 경제성장률 그래프를 보면 전자의 위기가 발발했을 때는 '푹' 꺼지는 모습이었던 반면, 후자는 '스멀스멀' 오른쪽 밑으로 기어가는 모양새를 띤다. 전자는 위기촉발요인이 단일한 것이어서 해법도 간명하고 위기극복 시 기저基底효과로 인한 가파른 반등이 가능하지만, 후자는 매우 복합적인 요인에 의해 진행되는 것이어서 일단 해법도출이 간단치 않다. 심지어 해결해야 할 문제들이 무엇인지를 정확히 규명하는 작업조차 쉽지 않다.

대한민국은 자타가 공인하는 성공 국가다. 제2차 세계대전 이후 탄생한 140여 신생독립국 중 대한민국만큼 성공한 국가는 드물다. 산업화와 민주화라는 두 마리 토끼를 다 잡았다. 아직도 국내에서는 산업화세력과 민주화 세력의 일부 열혈분자들이 서로 비난하며 난타전을 벌이고 있지만, 그냥 쿨하게 둘 다 성취했다는 사실을 인정하면 된다. 경제개발을 본격적으로 시작한 지 불과 30년 만에 1인당 국민소득을 100달러에서 1만 달러로 100배 성장시킨 나라는 대한민국이 유일하며, 이 세계신기록은 좀처럼 깨지지 않을 것이다. 쓰레기 더미 위에서 장미꽃이 피는 것보다 더 어려울 것이라는 대한민국의 민주주의 실현도 이미 오래 전 일이 되었다. 그래서 전 세계가 인정하고 부러워하는 것이다.

산업화와 민주화만이 대한민국의 성취는 아니다. 원조 받는 국가에서 원조 주는 국가로 변신한 것도 대한민국이 처음이며, 한류문화는 전 세계를 제 안방 드나들듯 맹활약 중이다. 우리 스스로는 인정하지 않지만, 대한민국의 세계적 분류는 이미 선진국이다. 싱가포르 같은 도시국가를 제외하고 1945년 이후 비非선진국에서 선진국 대열에 합류한 국가는 대한민국이 유일하다.

그러나 화려했던 압축 성장과 드라마틱한 민주화는 이제 과거가 되었다. 호황은 불황을 예비한다는 경제학의 경구警句처럼, 한국 경제의 활력은 현저히 저하되었고 저성장은 고착화되고 있다. 탈공업화와 서비스화의 진전, 도시화의 종료에 따른 성장률 감속은 자연스러운 현상이나, 지나치게 빠른 속도로 하강하면서 한국 경제는 성숙을 넘어 조로하고 있다.

산업화와 민주화의 '압축성'과 '초고속성'은 이제 고령화와 양극화, 재정 건전성 악화의 압축성과 초고속성으로 전이轉移되어 나타나고 있다. 분명 시장경제와 민주주의가 작동하고 있건만 시장의 활력은 저하되고 있으며, 정치는 갈등조정과 미래개척 기능을 상실한 채 그들만의 권력 투쟁에 몰입하고 있다.

진단을 정확히 해야 처방이 나온다. 아니 진단을 정확히 해도 처방을 못 구할 수도 있다. 그런데 대한민국이 당면한 문제의 본질이 무엇인지 정확한 진단조차 이루어지지 않고 있는 것이 작금의 현실이다. 불경기가 길어지자 한국도 일본처럼 '잃어버린 20년'을 겪는 게 아니냐는 우려가 곳곳에서 제기되고 있다. 그런가하면 한국은 여러 가지 점에서 일본과 달라 결코 그렇게 되지 않을 것이라는 반론도 만만치 않다. 이 갑론을박을 보고 있노라면 일본이 경험한 잃어버린 20년의 핵심적 특징은 무엇이고, 한국과 비교했을 때 무엇이 같고 무엇이 다른지에 대한 체계적 논의는 미진한 채 그저 자신의 논지전개에 필요한 표피적·부분적 현상만을 클로즈업하고 있다는 느낌을 지울 수 없다.

2008년 세계 금융위기 직후였다. 한일의원연맹 상임간사로 자주 일본을 드나들던 나의 머릿속에 '이러다가 우리도 일본 꼴 날 수 있겠구나'라는 문제의식이 싹트기 시작했다. '한국의 일본화, 어떻게 막을 것인가'는 나의 새로운 화두가 되었다. 그러나 치열했던 입법예산 전쟁을 치르며 자갈밭 지역구에서 생존하고자 몸부림치느라 연구와 사색에 필요한 시간을 갖지 못했다. 다행히(?) 18대 국회 임기 종료와 더불어 여의도를 떠나게 됨으로써 본격적인 연구에 착수할 수 있게 되었다. 이 책은 탈脫여의도 2년 동안의 연구와 사색의 결과물이다. 결론을 특정해놓고 연구에 임해서는 안 된다는 원칙에 충실하려고 노력했으나, 자료를 보면 볼수록 최근 한국에서 나타나는 현상이 잃어버린 20년의 일본보다 더하면 더했지 덜하지 않다는 인식을 갖게 되었다. 왜 그렇게 판단할 수밖에 없었는지, 그 사고思考 과정을 자세히 소개하려 한다.

이 책을 출판하기까지 많은 분들의 신세를 졌다. 무엇보다 갈 곳 없는 사람에게 소중한 연구 공간을 만들어 준 한국경제연구원에 깊은 감사를 드린다. 최병일 전 원장님은 나를 인도해 주셨고, 권태신 현 원장님은 자유로운 연구를 허용해 주셨다. 인턴 이찬양 씨는 그림과 표를 예쁘게 정리해 주었다. 끈 떨어진 정치인의 책을 내주겠다고 한 21세기북스에도 감사의 마음을 전한다.

2014년 4월 끝자락에
신지호 배

1장

일본의
'잃어버린 20년'과
한국

일등 국가 일본

미국 최고의 동아시아 전문가였던 에즈라 보겔 Ezra Vogel 하버드 대학 교수가 『일등 국가 일본Japan as Number One』을 펴낸 것은 1979년이었다. 그해 미국은 284억 달러라는 사상 최대의 무역 적자를 기록했는데 절반가량이 대일적자였다. 보겔은 일본 기업과 정부의 리더십, 교육 시스템 분석을 통해 산업 경쟁력과 성장의 수수께끼를 풀었다. 일본 고도성장의 원동력은 국민들의 높은 학습의욕에서 비롯되었는데, 여기에 일본 기업의 경영방식과 이를 뒷받침하는 일본 정부의 산업 정책이 잘 어우러져 번영을 이루었다는 것이다.

결론은 '미국은 일본에 배우라'였다. 이 책은 70만 부 이상이 팔려 한 시대를 풍미하였다. 보겔은 1986년 미국 최고의 국제관계 저널인 《포린

어페어스Foreign Affairs》에 다시 「동아시아: 팍스 니포니카?」라는 논문을 게재했다. 일본이 신산업혁명을 이끌 것이란 내용이었다. '일등 국가 일본Japan as Number One'은 오랫동안 일본의 욱일승천旭日昇天을 표현하는 대명사로 사용되었다.

확실히 1980년대는 일본의 시대였다. 1985년 플라자 합의Plaza Accord 로 엔화 가치가 불과 1년 만에 달러당 240엔대에서 150엔대로 절상되 었음에도 불구하고 일본 경제는 승승장구하였다. 토요타는 렉서스를 무기로 미국 시장을 맹렬히 장악해갔고, 일본 전자업체는 반도체 시장 에서 인텔 등 미국 기업들을 넉 아웃 시켰다.

화려했던 날들

예일 대학 교수 폴 케네디도 1987년에 출간한 『강대국의 흥망』에서 일본의 앞날을 밝게 전망했다. 케네디는 먼저 미국과 유럽의 일본 상품 에 대한 적대적 반응, 그리고 한국과 싱가포르의 추격이라는 '가위 효 과Scissors Effect'로 인해 일본의 수출주도형 성장이 저해되고, 인구구조 상 일본이 2010년경 선진 공업국 중에서 생산가능인구의 비율이 가장 낮아진다는 점을 들어 일본 경제의 성장이 둔화될 것이라고 전망하였 다. 그러나 첫 번째로 성장산업을 위해 연구지원과 함께 자금을 배정하 고 사양산업은 안락사시키는 정부 주도의 경제 발전 전략이 미국의 자 유방임적 접근보다 훨씬 효율적이라는 점, 두 번째로 일본의 경우 소득세와 사회보장 지출이 국민총생산에서 차지하는 비중이 다른 주요 자본주의 복지국가들에 비해 낮다는 점, 세 번째로 엄청난 해외자산으로 막대한 경상수지 흑자가 발생한다는 점 등을 들어 일본의 경제력은 더욱 강력해질 것이라고 보았다. 컴퓨터, 로봇공학, 전기통신, 자동차, 트럭, 조선 그리고 생명공학과 우주항공 분야에서 일본은 1위 아니면 2위를 차지할 것이며 금융 분야에서는 타의 추종을 불허할 것이라고 하였다. 또한 일본 경제는 향후 수십 년간 다른 경제대국(중국 제외)보다 연간 1.5~2% 빠르게 성장할 여지가 있다며, 예견할 수 있는 장래만을 놓고 보면 일본의 궤적은 계속 상승할 것이라고 단언하였다.

이처럼 세계 석학들의 예찬이 이어지자 일본 스스로도 큰 꿈을 꾸기 시작하였다. 일본의 유력 경제지인 《주간동양경제週刊東洋經濟》는 1991년 6월 7일 '일본의 GNP가 세계 1위가 되는 날'이라는 5000호 기념 특집기사를 실었다. 전문가 129명에 대한 설문 조사를 바탕으로 2010년에는 일본이 미국을 제치고 세계 1위 경제대국으로 올라설 가능성이 높다는 시나리오를 제시하였다. 당시 일본의 GDP 규모는 미국의 약 60%였는데, 20년 열심히 노력하면 충분히 가능하다는 것이었다.

설문 응답자들의 분포를 보면, 2010년 일본의 경제력이 더욱 강력해질 것이라는 응답이 15%, 무역 흑자는 축소되겠지만 서구의 상대적 경쟁력이 저하되고 있기 때문에 현재와 같은 경쟁력을 유지할 수 있을 것이라는 의견이 42%로 낙관적인 예측이 대다수였다. 반면 급속하게 지반이 침하되어 무역 적자국이 될 것이라는 의견은 12%에 불과했다. 이

기사는 "현재 일본은 제조업을 중심으로 강력한 경쟁력을 보유하고 있고, 또 한국의 일본 따라잡기도 한계를 보이고 있어 20년 후에도 지금과 같은 강력한 경쟁력을 유지할 것"이라고 전망하였다.

반면교사가 된
일본

.

이처럼 세계 1위 등극을 꿈꾸고 있었던 바로 그 시점에 일본 경제의 버블은 붕괴하기 시작하였다. 1985년 플라자 합의를 계기로 엔화절상이 이뤄지자, 일본 정부는 재정확대와 양적완화 정책을 시행하였다. 1985~1987년 3회에 걸쳐 총 13조 5000억 엔 규모의 재정확대가 이루어졌고, 1987~1990년 동안 연평균 10% 이상 통화 공급량이 증대하였다. 그러나 돈이 너무 많이 풀리자 과잉유동성으로 주식, 부동산 가격은 가파른 속도로 상승하였다. 1986년부터 1991년까지 단 5~6년 사이에 부동산 가격은 무려 2.6배나 치솟았다. 도쿄 23구의 땅을 팔면 미국 전 국토를 사고도 한참 남을 정도였다.

그림1　일본의 주가 및 토지가격 추이

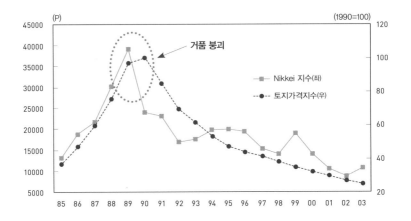

주: 토지가격지수는 6대 도시(동경, 오사카, 나고야, 교토, 요코하마, 고베) 평균
자료: 한국은행, 「일본의 장기불황과 국내 경기부진의 비교분석」, 2004년 8월

　　일본 정부는 이 대목에서 오류를 범했다. 부동산 버블을 시급히 조
정해야 할 심각한 문제로 인식하지 못하고 저금리 정책을 유지한 것이
다. 뒤늦게 1989년 5월부터 총 5회에 걸쳐 2.5%였던 금리를 6%까지 급
격하게 인상하는 등 정책기조를 긴축으로 전환하였으나 실기失期의 대
가는 너무도 컸다. 1990년 4월부터 실시된 부동산 대출 총량 규제를 계
기로 자산가치는 급락하기 시작하였다. 초기에는 과열의 조정 정도로
인식되기도 했으나, 하락 추세는 좀처럼 진정되지 못하고 결국 장기화·
구조화되었다.

　　주식시장의 닛케이日經지수는 3만 8916(1989년) → 2만 3849(1990년) → 1만
6925(1992년)로 급락하였고, 토지가격지수(6대 도시) 역시 100(1990년) →

84.5(1991년) → 61.3(1993년)으로 주저앉았다. 이 같은 버블 붕괴는 경제주체들의 소비심리 위축과 기업의 투자의욕 저하, 금융 중개기능의 약화를 유발하여 장기불황의 단초를 제공하였다.

1990년대 초 버블이 붕괴되기는 하였으나, 1997년 아시아 금융위기 이전까지만 해도 일본은 자신감에 차 있었다. 일본 경제학자들은 실업과 인플레이션 없이 완만한 성장을 지속하는 자국의 경제 시스템에 자부심을 나타내었다. 오히려 과소비로 경상수지 적자를 내면서도 일본을 압박하는 미국을 비난했다. 또 종신고용과 장기지향 경영을 하는 '일본적 경영'을 자화자찬하며, 주주 중시의 단기지향 경영을 하는 미국을 평가절하했다.

그림2 일본 경제성장률 추이

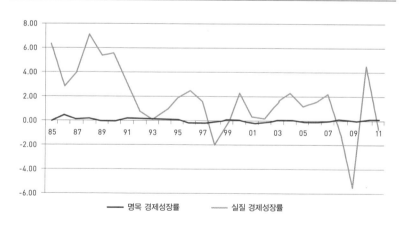

주: 실질 경제성장률(2000년 미 달러 환산액 기준)
자료: World Bank

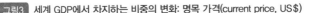

그림3 　세계 GDP에서 차지하는 비중의 변화: 명목 가격(current price, US$)

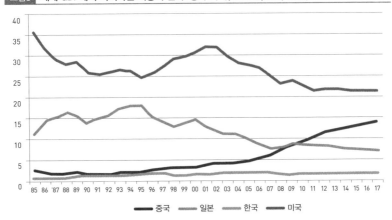

자료: IMF, World Economic Outlook Database, 2012년 1월

　그러나 일본 경제의 하강곡선은 2000년대 들어서도 계속되었고, 잃어버린 10년은 20년으로 연장되었다. 1992년부터 2011년까지의 연평균 경제성장률은 불과 0.76%에 머물렀고, GDP 대비 국가 부채비율은 71%에서 229%로 폭증하였다.

　이 기간 세계경제에서 차지하는 일본의 비중은 지속적으로 하락하였다. 1985년 세계 GDP에서 차지하는 일본의 비중은 11.59%로 0.82%였던 한국의 14배나 되었다. 그러나 1994년 18.09%까지 치솟은 이후 추락의 수렁으로 빠졌다. 2000년 14.64%, 2005년 10.02%로 하향곡선을 그리다가 2012년에는 8.40%로 주저앉았다. 흥미로운 것은 이 기간 독일·프랑스·영국 등 경제가 성숙 단계에 들어간 다른 선진국들과 비교해도 일본의 하강속도는 상대적으로 가팔랐다는 점이다. 세계 GDP를 차지하는 비중으로 따지면, 1995년 영·독·불 3국의 합계는 17.68%로 17.90%였던 일본과 거의 같았다. 그러나 2012년 독·불 2국의 합계는 8.34%로 일본과 비슷하다.

일본의 위상 하락을 보여주는 가장 상징적인 사건은 2010년 발생한 중국과 일본의 경제력 역전이었다. 1등 국가를 꿈꾸었던 일본은 경제대국 2위의 자리마저 중국에 내주고 3등 국가로 내려앉았다. 이후 중국과의 격차는 더욱 벌어져 2012년 중국의 GDP가 7조 9917억 달러인데 반해 일본은 5조 9809억 달러에 머물렀다.

일본처럼 되지 말자는 다짐

2008년 금융위기 이후 뉴욕 월가에서는 '일본화Japanification'라는 신조어新造語가 유행하였다. 금융위기 이후 미국의 경제상황이 일본의 1990년대와 비슷하다고 해서 생긴 말이다. 주택 버블 붕괴 이후 양적완화 등 경기회복을 위한 각종 정책을 구사해봐도 효력은 없고 일본처럼 조금씩 '디플레이션 함정'으로 빠져드는 것 같다는 우려였다. 일부 전문가들은 일본을 전형적인 '신新쇠퇴국Newly Declining Country'으로 지목하고 일본처럼 되어서는 안 된다는 주장을 거침없이 전개하였다. 한때 전 세계인들의 선망의 대상이었던 일본 경제는 이렇게 반면교사反面教師가 되어버렸다.

2012년 12월 출범한 아베정권은 양적완화, 재정확대, 신성장전략이라는 세 개의 화살을 통해 경제부흥에 전력투구하고 있다. 경제의 반은 심리라는 관점에서 보면, 아베노믹스의 출발은 성공적이었다. 아베노믹스의 핵심은 장기복합불황의 압축물인 디플레이션을 종식시키겠다는 것이다. 디플레이션은 경제주체들에게 물가가 더 하락할 것이라는 신호를 보냄으로써 소비와 투자행위를 유보시킨다. 1999년 이후 일본 경제는 바로 이 같은 '디플레의 함정'에 빠져 있었다. 그런데 "윤전기를 돌려서라도 엔을 찍어내겠다"는 아베의 강력한 의지표명으로 주가 급등, 부동산 가격 회복, 소비증대 등의 효과가 나타나고 있다. 현행 5%인 소비세가 8%로 오르는 2014년 4월 이후에도 GDP의 60% 정도를 차지하는 내수가 지속적으로 살아날 수 있을 것인가가 아베노믹스의 성패를 가를 것으로 보인다.

한국은 어디로?

　　일본은 한국에 여러 면에서 아주 특별한 나라
였다. 식민지 36년의 쓰라린 기억은 한국인의 정신세계에 반일反日이라
는 강력한 DNA를 심어 놓았다. 그런데 아이러니컬하게도 한국이 근대
화를 위해 벤치마킹한 것은 일본이었다. 한국은 일본이 세계 선두를 달
리던 전자·자동차·조선·철강 등을 국가 전략산업으로 집중 육성한 결
과, 일부 산업에서는 일본을 추월하는 큰 성과를 거두었다.

　1994년에 일본으로 유학 간 나는 '아이우에오あいうえお'부터 배우기
시작했다. 언어습득을 위해 가장 필요한 것은 텔레비전이었다. 아키하
바라 전자상가에 가면 저렴한 한국제품을 살 수 있다는 말을 듣고 실
행에 옮겼는데 꽤 고생을 하였다. 전철역에서 제일 가까운 점포부터

10여 곳을 돌았는데 한국 제품을 찾을 수 없었다. 짧은 일본어로 "삼성이나 LG 것 없습니까?"하고 물으면 "엥? 그런 제품도 있나"는 답이 돌아왔다. 한참 만에 한국 제품을 찾았는데 배달이 안 된다고 해 낑낑대며 자취방까지 들고 왔던 기억이 새롭다.

그랬던 한국 전자산업이 일본을 넘어섰다. 황창규의 "일본을 집어삼키겠다I will swallow Japan"는 호언은 현실이 되었다. 근년 삼성전자의 영업이익은 소니·파나소닉·도시바·히타치 등 일본의 주요 전자업체의 영업이익을 다 합친 것보다 많다.

이처럼 한국은 일본의 성공으로부터 교훈을 얻어 자신의 앞길 개척에 요긴하게 활용하였다. 1964년 도쿄올림픽을 계기로 일본이 이룩한 유례없는 고도성장은 1970~1980년대 한강의 기적과 더 빠른 압축 성장으로 한국에서 구현되었다. 자민당이라는 '1.5 정당체제'[1]를 중심으로 한 정부 주도형 시장경제Government-led Market Economy는 한국에서 권위주의 개발독재로 나타났다. 일본이 간 길을 한국이 대략 10년 후에 뒤따라가는 일이 반복되면서 하나의 패턴으로 고착화되었다. 이는 선진국 추격Catch Up을 국가 발전전략으로 채택한 한국이 그 대상을 일본으로 삼았기에 나타난 현상이었다. '따라잡자 일본!'은 국민적 합의사항이었다. 이러한 국가목표는 일정 부분 실현되었다. 세계 3대 신용평가회

---

1 일본은 다당제이지만 선거 결과 자민당이 늘 안정적 과반을 차지해왔기 때문에 1.5 정당이란 말이 생겨났다.

사인 피치는 2012년 재정 건전성을 이유로 한국의 국가신용등급을 일본보다 높게 평가하였다.

그렇다면 앞으로 한국은 일본으로부터 어떤 교훈을 얻어야 하는가? 분명한 것은 일본의 잃어버린 20년을 따라가지 말아야 한다는 점이다. 저출산 고령화의 급속한 진행, 제로금리에도 늘지 않는 투자, 물가하락에도 꽁꽁 얼어붙은 소비, 기하급수적으로 늘어나는 국가채무, 프리터[2]·니트[3]·히키코모리[4]로 상징되는 젊은이들의 도전정신 상실, 위험 감수에서 회피로의 사회풍조 변화, 해외생활 기피, 혼인율 저하 및 가족해체, 2030세대보다 많은 60세 이상 유권자의 비위 맞추기에 급급한 정치(실버민주주의) 등으로 지난 20년간 일본의 국력쇠퇴는 구조화되었다.

잃어버린 세월도 벤치마킹하나?

문제는 한국에서도 이러한 조짐이 나타나고 있다는 점이다. 일본의 버블 붕괴 시점인 1990년대 초반은 생산가능인구(15~64세)의 증가율이 피부양인구의 증가율보다 높은 시기인 '인구보너스기'의 종료와 정확히 일치한다. 한국의 경우 2012년에 인구보너스기가 종료되었다. 2016년

---

2 Freeter: 아르바이트를 하면서 자유롭게 사는 청년.
3 NEET(Not in Education, Employment or Training): 취업, 교육, 직업훈련 어디에도 참여하지 않는 청년.
4 은둔형 외톨이.

부터는 생산가능인구가 줄어든다. 한국의 고령화는 일본보다 훨씬 빠른 속도로 진행되고 있다.

출산율 또한 일본보다 낮다. 경제 역시 고성장 시대가 종언을 고하고 저성장이 고착화되고 있다. 청년 취업난이 심화되면서 공무원·공기업 등을 무제한적으로 선호하는 '철밥통 신드롬'이 나타나고 있다. 잠재성장률은 3%대로 저하되었고 복지욕구가 분출하고 있어 한국 경제의 최대 강점인 재정 건전성은 악화될 운명이다. 표의 노예가 된 여의도 정치는 무분별한 복지 확대에 정치적 명운을 걸고 있다.

상황이 이러하다 보니 한국도 일본과 같은 장기불황의 길을 걷는 것이 아닌가 하는 우려가 여기저기서 제기되고 있다. 기획재정부가 2013년 2월에 펴낸 「대한민국 중장기 정책과제」란 두툼한 보고서도 이 문제를 다루고 있다. 관련 부분을 그대로 옮겨 본다.

현 시점에서 우리나라가 일본식의 장기불황을 겪을 가능성은 높지 않다. 양국 간 경제여건의 차이 등이 크기 때문이다.

무엇보다 UBS, 골드만삭스 등이 평가한 것처럼 우리나라는 일본보다 자산버블의 붕괴 가능성이 낮고 가계 부채도 관리가능한 수준이다. 선제적인 구조개혁을 통해 이러한 리스크 관리가 가능한 것으로 보고 있다. 노무라 등이 평가한 것처럼 우리나라의 지속적인 경제 시스템 개혁능력은 이러한 리스크의 발생 가능성을 최소화시킨다. 두 번째로 일본보다 인구가 적어 수출주도형 경제가 불가피한 것도 우리의 장점이다. 글로벌 경쟁에 노출될 수밖에 없어 지속적인 혁신이 가능하다는 것이다. LG경제연구원은 우리 기업들 또한 글로벌한 유연성을 보유하고 있는 것으로 평가했다. 이는 일본 기업의 폐쇄성, 자국 기업끼리의 수직적인 분업 관행과 큰 차이점이다. 마지막으로 일본보다 상대적으로 양호한 재정여건도 우리 경제의 장점이다(1인당 국민소득 2만 달러 시점 기준 정부 부채 비중: 한국 33.43%, 일본 72.45%).

한국 경제의 컨트롤타워 역할을 하는 기획재정부의 판단이 이러하다면 묵직하게 받아들여야 한다. 그런데 정말 한국은 일본식 장기불황의 위험성으로부터 안전한 것일까? 혹시 기획재정부의 상황인식이 주관적이고 자기편의적인 것은 아닐까? 작은 문제를 크게 만들어 호들갑을 떠는 것도 문제지만, 상황의 심각성을 모르고 '난 괜찮아'를 연발하는 것은 더 큰 문제다. 나는 기획재정부가 바로 그 같은 오류를 범하고 있다고 생각한다.

일본화란 무엇인가?

　　　　　　　무엇보다 기획재정부는 잃어버린 20년의 일본
처럼 되는 것, 즉 일본화의 핵심이 무엇인지를 잘 모르고 있다. 기획재
정부가 지적한 버블 붕괴는 잃어버린 20년의 단초이지 본질이 아니다.
1990년대 초의 버블 붕괴가 일본 경제에 커다란 타격을 주었음은 주지
의 사실이다. 그러나 버블 붕괴가 잃어버린 20년의 모든 것을 설명하지
는 못 한다. 한 예를 들어보자. 2008년 서브프라임 모기지 사태로 미국
의 부동산 버블은 급격히 붕괴하였다. 그 후 벤 버냉키가 이끄는 미국 연
방준비제도이사회FRB는 세 차례에 걸친 대대적인 양적완화 조치를 통해
경기회복에 진력한 결과 상당한 성과를 거두었다. 다우지수는 사상 최
고치를 갱신하였으며, 주택경기도 살아나 미국연방주택금융청FHFA이

발표한 2013년 주택 가격 상승률은 8.5%에 이른다. 그러다보니 출구전략으로 양적완화 축소, 즉 테이퍼링을 언제 어떻게 실시할 것인가에 세계적 이목이 집중되고 있다.

이처럼 버블 붕괴가 반드시 장기침체로 이어지는 것은 아니다. 오히려 회복이 잘되면 기저효과로 인한 깜짝 반등 효과를 낼 수도 있다. 일본이 경험한 잃어버린 20년의 본질은 버블 붕괴에 있지 않다. 그렇다면 일본화란 무엇인가? 금리가 내려가면 투자가 늘고, 물가가 내려가면 소비가 늘어난다는 것이 경제학 교과서의 가르침이다. 이것을 깨뜨린 것이 잃어버린 20년의 일본이다. 저금리·저물가에도 투자와 소비는 늘어나지 않고, 소비와 투자의 위축이 물가와 금리를 다시 하락시키는 악순환, 그로 인한 장기침체가 잃어버린 20년의 본질이다.

저금리·저물가·저투자·저소비의 악순환이라는 4저불황의 구조화와 당국의 정책실패는 결국 디플레이션을 초래하였다. 물가의 지속적 하락현상인 디플레는 잃어버린 20년의 초기 단계부터 나타난 현상은 아니다. 4저불황이 구조화되면서 1999년부터 나타난 현상이다. 디플레는 1999년에 시작되어 2006년까지 지속되었다. 이후 나아지는 듯 했으나 글로벌 금융위기 이후 재발하였다.

4저불황의 구조화가 일본화의 핵심

이렇듯 일본의 잃어버린 20년은 버블 붕괴로 시작되어 4저불황의 구조화 단계를 거쳐 디플레로 진입하는 프로세스로 진행되었다. 즉, 버블 붕괴가 곧바로 디플레로 이어진 것이 아니다. 버블 붕괴부터 디플레 진입까지는 7~8년이 소요되었다. 이 기간의 특징은 물가는 상승하는데 상승률이 이전에 비해 급락했다는 점이다. 1992~1997년의 연평균 소비자물가 상승률은 0.7%에 불과했다. 상승률 자체는 플러스이지만 전년 대비 상승률이 하락한 이 기간이 결과적으로는 '디플레 준비기간'이었던 셈이다.

그런데 이전에 경험해보지 못한 저물가가 지속되는 상황 속에서 소비는 얼어붙었다. 〈그림 4〉에서 확인되듯이 일본의 가계소비지출은 버블 붕괴 이후 1997년까지 완만한 상승세를 유지하였으나, 전년 대비 증가

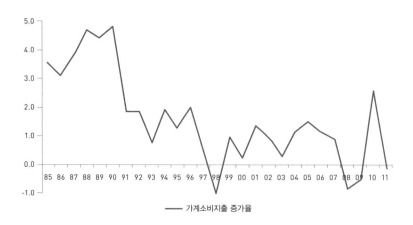

그림4   일본의 가계소비지출 증가율

가계소비지출 증가율

자료: World Bank

율은 급락하여 결국 1998년에 마이너스를 기록하게 되었다. 이듬해인 1999년부터 디플레가 시작된 것은 결코 우연이 아니었다. 예비과정이 있었기에 가능한 일이었다.

4저불황의 구조화가 없었다면 디플레는 발생하지 않았을 것이다. 일본화의 핵심은 4저불황의 구조화에 있다. 디플레는 그 결과물이다. 1999년부터 시작된 디플레는 잃어버린 세월의 시간을 10년에서 20년으로 연장시켰다. 경제주체들이 물가가 더 하락할 것이라는 기대심리로 소비와 투자를 미루고, 이것이 다시 '가격파괴' 마케팅을 촉진하는 '디플레 함정'에 빠진 것이다. 4저불황의 악순환은 디플레 함정으로 확대·심화되었다.

다음으로 기획재정부는 한국의 경우 수출주도형 경제구조로 지속적 혁신이 가능하기 때문에 장기불황에 빠질 가능성이 높지 않다고 진단하였다. 이 또한 맥을 잘못 짚고 있다. 한국이 일본보다 수출의존도가 높은 것은 사실이나, 일본은 세계가 공인하는 수출대국이다.

그렇다면 일본의 잃어버린 20년과 수출은 어떤 관계에 있을까? 수출 전선에 이상이 생겨 장기불황의 원인을 제공한 것은 아닐까? 1992년 일본의 수출액은 3399억 달러, 2011년 수출액은 8225억 달러다. 잃어버린 20년 동안 일본의 수출은 2.4배 늘어났다. GDP 대비 수출의존도도 1992년 8.8%에서 2011년 14.0%로 높아졌다. 이 기간의 연평균 경제성장률이 0.76%였던 점, GDP가 1992년 3조 8530억 달러에서 2011년 5조 8670억 달러로 1.5배 늘었다는 점을 감안하면 엄청난 성장세다.

한마디로 수출은 잘 나갔지만, 일본 경제는 장기불황에 빠진 것이다. 한국의 사정 역시 이와 별반 다르지 않다. 2013년 한국은 3년 연속 무역 1조 달러 달성, 사상 최대 규모의 수출과 무역수지 흑자를 기록하는 트리플 크라운을 달성하고 경상수지 흑자가 최초로 일본을 추월했지만, 국내 체감경기는 싸늘하기만 했다. 따라서 수출주도형 경제구조 덕분에 장기불황에 빠지지 않을 것이라는 기획재정부의 진단은 과녁을 빗나갔다.

그렇다면 문제의 핵심은 무엇인가? 수출호조가 내수활성화로 연결되는 고리가 끊긴 것이다. 이른바 낙수 효과의 실종이다. 일본의 잃어버린 20년은 수출신장에도 불구하고 내수 부진, 소비 위축으로 경기가 침체한 데서 비롯되었다. 한국 역시 마찬가지가 될 수 있음을 유념해야 한다.

마지막으로 일본보다 나은 재정 건전성이 한국을 장기불황에 빠트리지 않게 할 요인이라는 진단도 잘못되었다. 재정 건전성 악화는 장기불황의 결과이지 원인이 아니다. 일본의 재정 건전성이 원래부터 나빴던 것은 아니다. OECD 통계에 따르면 일본의 GDP 대비 국가채무 비율은 버블 붕괴 시점인 1991년에 64.1%로 비교적 양호하였으나, 2012년 219.1%로 치솟았다. 현재 일본의 국가채무는 약 1000조 엔으로 우리 돈으로 환산하면 국민 1인당 1억 원가량이다.

한국의 재정 건전성이 일본보다 양호한 것은 맞지만, 주목해야 할 것은 국가채무의 증가 속도다. 1997년 11.9%였던 GDP 대비 국가채무 비율은 10년만인 2006년에 31.1%로 급증하였다. 한국은 고령화의 속도뿐만 아니라 국가채무 증가 속도도 일본보다 빠르다. 더군다나 국가채무에는 공식적으로 포함되지 않지만, 사실상의 국가채무라 할 수 있는 공공기관 채무가 500조 원에 육박해 나랏빚은 1000조 원에 달한다. 기획재정부는 GDP 대비 국가채무비율이 2013년 36.2%→2014년 34.6%→2015년 33.4%→2016년 32.0%로 낮아져 재정 건전성이 지속적으로 개선될 것으로 전망하고 있지만, 이는 지극히 안이한 추산이다. 국회 예산정책처는 오히려 수치가 높아질 것으로 전망하고 있다.

식자들은 "일본을 보면 한국의 미래가 보인다"는 말을 자주 한다. 과거 역사로 인한 불편함에도 불구하고 세계 200여 개 국가 중에서 한국과 일본은 가장 닮은꼴이고, 한국은 일본과 유사한 발전경로를 밟아왔기 때문이다.

이제까지 한국은 일본의 성공으로부터 교훈을 얻었다면, 앞으로는 일본의 쇠퇴로부터 교훈을 얻어야 한다. 일본의 잃어버린 20년을 한국은 반면교사로 삼아야 한다. 일본은 경제대국의 위력, 연간 2000억 달러가 넘는 해외투자 수입 등으로 쇠퇴의 곡선이 완만했지만, 한국의 경우 급격하게 진행될 가능성이 높다. 이제 한국은 일본을 단순히 따라하는 종일從日, 일본을 이겨보자는 극일克日을 넘어 일본과 같은 국가쇠퇴를 창조적으로 극복하는 초일超日의 지혜를 발휘해야 한다. 한국의 일본화, 어떻게 극복할 것인가? 그 해답 찾기를 시작한다.

'성숙을 넘어 조로로'
퇴조하는 한국 경제

'기적에서 성숙으로'
한국 경제의 진화

'한강의 기적'은 이제 아련한 옛 추억이 되었다. 1997년 외환위기와 2008년 세계 금융위기를 거치면서 한국 경제의 활력은 현저히 저하되었고 최근 수년간 저성장의 늪에서 좀처럼 헤어나오지 못하고 있다. 건국 이래 최초로 2011년 2분기 이래 8분기 연속 0%대 성장을 기록했다. 다행히 2013년 2분기와 3분기에 전기 대비 1.1% 성장률을 기록해 0%대 행진에서 벗어나기는 했으나, 4분기에 또다시 0.9%로 주저앉았다. GDP 성장률은 2012년 2.0%, 2013년 2.8%로 3.6~3.8%로 추정되는 잠재성장률에는 여전히 못 미치고 있다.

상황이 심각할수록 문제를 냉정히 파악해야 한다. 현재 한국 경제가 지니는 문제의 핵심은 무엇인가? 과거와 같은 고도성장을 구가하지 못하고 저성장을 지속하는 것이 문제인가? 현재의 저성장이 문제인 것은 분명하지만, 그렇다고 '제2의 한강의 기적'처럼 고도성장을 재현할 수 있다는 인식은 시대착오적이다. 그러한 진단은 경제 발전에 있어 현 단계가 지니는 특질을 제대로 이해하지 못한 결과다. 최근의 정체는 20년 혹은 50년 주기로 오르막 내리막이 있다는 식의 경기순환론으로 설명될 수 있는 성질의 것이 아니다.

탈공업화와 서비스화의 진전

한국 경제는 고도성장단계를 이미 졸업했다. 세계 대부분의 나라는 소득수준이 상승함에 따라 성장률이 둔화되는 과정을 거친다. 특히 1인당 국민소득이 1만 달러를 넘어서면 성장률이 하방굴절하는데, 이는 전 세계적으로 나타나는 보편적 현상이다. 이 단계에 들어서면 노동력이 제조업에서 서비스업으로 이동하는 '탈공업화Deindustrialization'와 '경제의 서비스화Tertiarization'가 진행된다.

고려대학교 경제학과 신관호 교수가 세계적 석학 배리 아이켄그린 Barry Eichengreen, 드와잇 퍼킨스Dwight H. Perkins와 함께 펴낸 역작 『기적에서 성숙으로, 한국 경제의 성장From Miracle to Maturity, The Growth of the Korean Economy』(Harvard University Press, 2012)은 이 모든 과정을 명쾌하게 설명하고 있다. 주지하듯이 한강의 기적은 한국이 앞선 국가들을 벤치마킹하는 데 있어 '빠른 추격자Fast Follower'였기 때문에 가능했다. 그런

데 이러한 캐치 업Catch Up이 성공적일수록 그에 기초한 고성장률 유지
는 더욱 어려워진다. 농업에서 공업으로 노동력의 이동이 급속하게 이
루어질수록, 그만큼 농촌의 불완전고용Underemployed[5] 노동력은 고갈
된다. 국민들의 교육수준이 급격하게 올라갈수록, 더 끌어올리는 것
은 그만큼 힘들어진다. 과학기술 수준이 세계 최첨단에 가까워질수록,
해외에서 기계나 청사진을 들여와 기술적 진보를 이룩할 수 있는 범위
는 좁아진다. 이러한 모든 이유들로 인해 반세기에 걸친 성공적인 캐치
업 이후 한국 경제의 성장속도는 둔화될 수밖에 없었다. 한국 경제는
1990년대 이후 탈공업화와 서비스화가 급격히 진행되면서 '성숙 단계'에

그림5 우리나라의 국내총생산(GDP) 성장률 추이

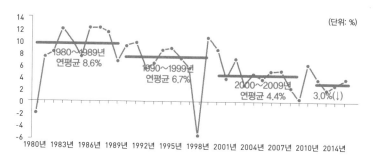

주: 2013~2014년은 추정치
자료: IMF

---

5 취업은 하였으나 능력과 의사만큼의 충분한 일거리를 갖지 못한 상태를 말한다.

들어섰다. '기적에서 성숙으로' 한국 경제가 진화한 것이다.

따라서 1970~1980년대와 같은 두 자리 수의 성장이 가능하다고 판단하는 것은 시대착오적이다. 한국 경제는 1990년대 들어 성숙 단계에 진입하였다. 성장속도가 둔화되는 것은 자연스럽고 당연한 현상이다. 탈공업화와 서비스화에 의한 성숙 단계 진입은 고용통계를 통해 확인된다. 탈공업화와 서비스화가 이루어진 대부분의 국가에서 제조업의 고용 비중은 30%에 도달하기 전에 감소하기 시작하였는데, 한국 역시 마찬가지였다. 제조업의 고용 비중은 1989년 28.7%을 정점으로 2009년 16.3%로 대폭 감소하였다. 반면 서비스업의 고용 비중은 같은 기간 45.3%에서 68.5%로 크게 증가하였다.

캐치 업 효과의 소멸

성숙 단계의 또 하나의 특징은 캐치 업 효과, 즉 후발자 이익Advance of Late Comer의 소멸로 인해 모방과 추격의 대상이 없어진다는 점이다. 경제 발전론의 대가 거센크론Alexander Gerschenkron은 후발 공업국이 누릴 수 있는 이익에 주목하여 캐치 업 이론의 토대를 제공하였다. 한국이 캐치 업 성장을 위해 주로 벤치마킹한 것은 일본이었다. 한국은 일본이 세계 선두를 달리던 전자·자동차·조선·철강·석유화학 등을 국가 전략산업으로 선정하여 집중 육성한 결과, 반도체·휴대폰·LCD·선박 등에서 일본을 추월하는 큰 성과를 거두었다. 소니의 추락과 삼성전자의 등극은 그 짜릿한 역전 드라마의 백미다. 삼성은 이제 소니와의 경쟁이 아니라 자신과의 싸움을 통해 세계 1등을 지켜가야 하는, 이제껏 경험해보지 못한 전혀 새로운 상황에 직면했다.

그런데 10등이 1등 되는 것보다 1등이 계속 선두를 유지하는 것이 훨씬 어렵다. 10등은 1등이 하는 것을 따라하면서 하루 1시간 더 공부하는 등의 양적 투입을 통해 격차를 줄일 수 있지만, 1등은 시간이 지나면서 점차 노출될 수밖에 없는 자신의 전략과 노하우를 반복하는 것만으로 선두를 고수할 수 없다. 피를 말리는 노력을 통해 뭔가 기존에 없는 새로운 것들을 끊임없이 만들어내야만 선두 자리를 유지할 수 있다. 알쏭달쏭하다는 시중의 빈정거림이 있지만, 창조경제가 화두로 제기된 배경은 바로 한국 경제의 성숙 단계 진입에 따른 이 같은 환경변화다. 한국의 주력산업인 제조업의 캐치 업 효과는 더 이상 존재하지 않는다.

도시화의 종료

전체 인구 중에서 도시에 사는 인구가 차지하는 비율인 도시화율은 경제성장률과 정비례 관계에 있다. 이는 수많은 사례를 통해 확인된 경험칙이다. 그런데 1990년대 중반 이후 한국의 도시화율은 80% 수준에서 정체상태에 접어들었다. 경제의 성숙 단계 진입과 맥락을 같이 한다. 선진국의 도시화율은 대체적으로 80% 수준에서 정체되고 있다. 한

국의 도시화율은 UN 기준으로 2010년 82.9%(한국 정부 통계 기준으로는 90%
초과)[6]로 OECD 회원국 중에서 가장 빠르게 도시화가 진행된 케이스에
속한다. 그런데 최근에는 도시로의 인구유입보다 귀농·귀촌 움직임이
오히려 활발하다. 과밀을 걱정했던 서울의 인구는 1000만 명을 밑돌기
시작했다. 경기도 기초자치단체 31곳 중 아직까지 시로 승격되지 못하
고 군으로 남아 있는 지역은 양평, 가평, 포천 정도에 불과하다. 고도성

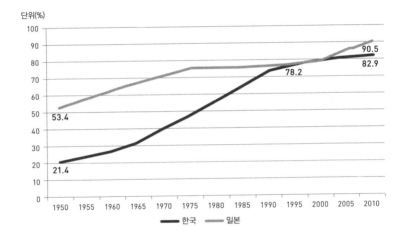

그림6　도시화율

단위(%)

자료: UN Population Division 〈http://esa.un.org/unup〉

6　UN이 산정하는 도시화율은 동洞 단위에 거주하는 도시인구를 기준으로 하기 때문에 동+읍 지역
　거주인구를 기준으로 발표하는 한국의 도시화율 수치와 차이가 있다.

장과 궤를 같이 해온 도시화가 종료된 것이다.

혹자는 이런 의문을 제기할는지 모른다. 정권의 경제운용 능력에 따라 성장률이 좌우되기 때문에 성장률 하락을 정권의 능력과 연계해 판단해야 한다고. 일리 있는 지적이다. 그러나 역대 정권의 연평균 경제성장률을 살펴보면, 박정희 18년 10.3%→전두환 7년 9.9%→노태우 5년 8.7%→김영삼 5년 7.4%→김대중 5년 5.0%→노무현 5년 4.3%→이명박 5년 2.9%로 지속적인 하락 추세는 한 번도 바뀐 적이 없다. 요컨대 탈공업화와 서비스화 진전, 캐치 업 효과 소멸, 도시화 종료에 따른 성장률 하락 추세는 정권의 경제운용 능력범위를 넘어선 것이다.

이처럼 경제의 성숙 단계 진입에 따른 성장률 하락은 자연스러운 현상으로 그것 자체를 문제 삼을 수는 없다. 한국의 2001~2010년 연평균 성장률은 4.2%로 OECD 평균의 두 배에 가깝다. 2008년 글로벌 금융위기를 가장 선방해낸 나라가 한국이라는 것도 국제적으로 공인된 사실이다.

경제의 성숙 단계 진입은 모든 선진국들이 겪는 공통적 현상이다. 그런데 한국이 다른 선진국과 달리 특별히 신경 써야 할 것이 있다. 세계 역사상 가장 빠르게 진행되고 있는 초고속·압축 고령화다. 한국 경제의 중장기적 전망을 우울하게 만드는, 그러나 결코 막거나 피할 수 없는 운명적 흐름이다.

최대의 위협,
초고속·압축 고령화

'연령지진'이란 말이 유행하고 있다. 피터슨Peter G. Peterson의 저서 『노인들의 사회, 그 불안한 미래』와 월리스Paul Wallace의 저서 『Agequake』[7]에서 유래한 말로 연령Age과 지진Earthquake의 합성어다. 갑작스런 고령화로 발생하는 충격과 사회적 문제를 일컫는다. 세계보건기구WHO는 고령화를 "초기에는 조용하게 거의 눈에 띄지 않게 진행되지만, 점차 속도가 붙어 시간이 지나면서 그 윤곽이 분명해질 사회혁명"이라고 묘사하였다. 피터 드러커는 고령화를 "국가 전체의 집

---

7 유재천 전 상지대 총장은 2001년 『증가하는 고령인구, 다시 그리는 경제지도』라는 제목으로 이 책의 번역판을 냈다.

단적 자살행진"이라고까지 표현하였다.

　기존 경제학은 인구구조의 변화가 경제에 미치는 영향을 과소평가하는 경향이 있었는데, 이는 잘못이다. 고령화가 경제에 미치는 가장 큰 영향은 일할 사람은 줄어드는데 부양받을 사람은 늘어난다는 점이다. 그리고 이는 재정부담의 증대와 소비 위축으로 연결된다. 은퇴자들은 늘어난 기대여명에 대한 대비책으로 씀씀이를 줄인다. 또한 생산가능인구의 감소로 근로자 수가 줄어드니 소비가 위축되는 것은 불가피하다. 베이비붐 세대의 은퇴가 본격화되면, 이러한 현상은 더욱 심화된다.

일본보다 빠른 고령화

　일본의 잃어버린 20년을 설명할 때 빠지지 않고 등장하는 것이 바로 급속한 고령화로 인한 경제활력의 저하다. 일본의 버블 붕괴 시점인 1990년대 초반은 15세부터 64세까지의 생산가능인구의 증가율이 피부양인구(0~14세, 65세 이상)의 증가율보다 높은 시기인 '인구보너스Demographic Bonus기'의 종료와 정확히 일치한다. 인구보너스 효과는 '인구배당Demographic Dividend효과'라고도 불리는데, 생산가능인구의 증가에 따라 부양률(피부양인구/생산가능인구)이 하락하면서 경제성장이 촉진되는 효과를 일컫는다.

　〈그림 8〉에서 보듯이 일본의 생산가능인구 비중은 1991년 69.8%를 정점으로 하향세로 돌아섰고, 65세 이상 인구비중이 증가함에 따라 부

양률dependency ratios은 1991년 43.3%을 기록한 이후 점차 상승하고 있다. 이는 1991년에 인구보너스기가 종료되었음을 의미한다. 1995년부터는 생산가능인구가 줄어들었고, 2005년부터는 전체 인구수가 줄어들기 시작하였다. 인구보너스기가 끝나면 인구가 경제에 부담이 되는 '인구오너스Demographic Onus기'가 시작되는데, 이 시기에 접어들면 생산가능인구의 비중이 하락하면서 경제성장이 지체된다.

영국에서 활동한 일본 출신 경제학자 모리시마 미치오森嶋通夫는 이른바 인구사관人口史觀에 기초해 1997년 『일본은 왜 몰락하는가』라는 책을 출간하였다. 그리고 미국 경제예측연구소 HS덴트의 설립자 덴트Harry Dent도 인구구조의 변화를 근거로 삼아 일본 경제의 침몰을 예견한 적이 있다.[8] 여기서 한 가지 짚고 넘어가야 할 포인트가 있다. 고령화는 비단 일본만의 문제가 아니었다는 점이다. 미국·독일·프랑스 등의 선발 공업국들은 일본보다 훨씬 먼저 고령화 문제에 직면하였다. 65세 이상 고령인구의 비율이 7%인 고령화사회Ageing Society에 일본은 1970년에 진입한 반면 미국은 1942년, 독일은 1932년, 프랑스는 1865년에 진입하였다. 그런데 일본은 고령인구 비중이 20%인 초고령사회Super-aged Society에는 가장 먼저 2005년에 진입하여 세계에서 가장 늙은 국가가 되었다. 요컨대 고령화 자체가 문제였다기보다는 고령화의

---

8 해리 덴트·로드니 존슨 지음/권성희옮김, 『2013~2014 세계경제의 미래』, 청림출판, 2012년.

그림7　일본의 생산가능인구 및 피부양인구 변화

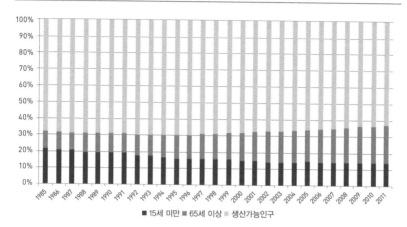

자료: World Bank

그림8　일본의 인구변화에 따른 부양률 변화

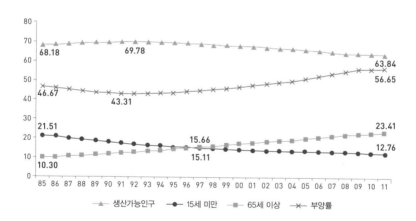

자료: World Bank

속도가 너무 빨랐던 것이다.

1995년 '영국+독일+프랑스'였던 일본의 경제규모가 2012년 '독일+프랑스'로 쪼그라든 것도 이러한 초고속 고령화를 빼놓고는 설명할 수 없다. 물론 초고속 고령화로 잃어버린 20년의 모든 것을 설명할 수는 없다. 하지만 초고속 고령화가 잃어버린 20년의 기저에 흐르는 가장 중대한 구조적 요인이었다는 점만큼은 분명하다. 도전과 응전에 의한 역사발전이라는 토인비의 관점으로 얘기하자면, 초고속 고령화라는 도전에 제대로 응전하지 못한 결과가 일본의 잃어버린 20년인 것이다.

그렇다면 일본을 벤치마킹하여 자신의 로드맵을 그려왔던 한국은 어떠한가? 한국의 인구보너스기는 2012년에 이미 끝났다. 2016년부터는 생산가능인구가 줄어든다. 2013년 현재 12.2%인 고령인구 비율은 2017년에 14%를 넘어 고령사회Aged Society로 진입한다.

생산가능인구 중 경제활동이 가장 왕성한 25~49세 인구를 핵심생산인구라 부르는데, 이 비중은 통계가 작성된 1960년(27.84%) 이래 1970년(28.47%)→1980년(30.98%)→1990년(37.67%)로 꾸준히 증가해 1995년에 처음으로 40%를 돌파했다. 그러나 2006년 42.78%로 정점을 찍은 뒤 줄어들기 시작하여 2012년 39.39%를 기록하고 있다. 이처럼 핵심생산인구가 줄어든 배경으로는 베이비붐 세대(1955~1963년생)의 고령화가 가장 큰 이유로 꼽힌다.

그런데 가장 눈여겨봐야 할 것은 고령화의 속도가 일본보다 빠르다는 사실이다. 고령인구의 비중이 7%인 고령화사회에서 20% 이상인 초

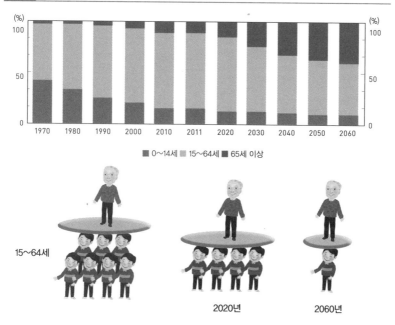

그림9 연령계층별 인구구성비

■ 0~14세 ■ 15~64세 ■ 65세 이상

15~64세

2020년   2060년

자료: 통계청, 「장래인구추계」, 2010

고령사회로 진입하는 데 일본이 36년 걸려 세계 최단_{最短}기록을 보유하고 있는데, 한국이 2026년에 26년으로 세계기록을 경신할 전망이다. 한강의 기적이 초고속·압축 성장이었듯이 고령화도 초고속·압축으로 진행되고 있다.

이 같은 초고속성과 압축성을 반영해서 그런 것일까? 일본은 인구보너스기의 종료 이후 세계경제에서 차지하는 비중이 줄어들기 시작했지만, 한국은 인구보너스기가 끝나기도 전에 그 같은 현상이 가시화되고 있다. 한국의 달러 표시 명목 GDP 순위는 2004년 11위까지 올랐으나, 그 후 떨어져 2008년 이후 15위에 머물고 있다. 세계경제에서 차지하는 비중도 2006년 1.93%로 최고치를 기록한 후 하락하여 2010년 이후 1.6% 수준에 머물고 있다.

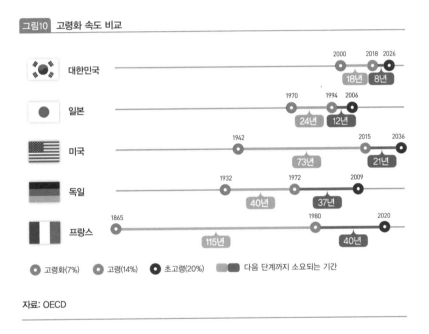

그림10 고령화 속도 비교

자료: OECD

고령화는 고용시장에도 커다란 변화를 가져왔다. 2013년 1월 28일 발표된 통계청의 경제활동인구 조사 결과에 따르면, 2012년 전체 남성 취업자(1438만 7000명) 중 60대 이상은 180만 2000명(12.5%)으로 20대 취업자 172만 3000명(12.0%)을 넘어섰다. 60대 이상은 2011년(169만 5000명)보다 10만 7000명(6.3%) 늘어난 반면, 20대는 전년보다 1만 1000명 줄었기 때문이다. 60대 이상 연간 남성 취업자가 20대보다 많아진 것은 1963년 관련 통계가 작성되기 시작한 이래 처음이다.

여성 노동시장에서도 비슷한 현상이 나타나고 있다. 2012년 여성 취업자 중 50대는 215만 6000명으로 전년(205만 1000명)보다 10만 5000명 (5.1%) 늘어 처음으로 30대를 앞섰다. 반면 30대는 전년(210만 명)보다 1만 4000명(0.7%) 증가하는 데 그쳤다.

이처럼 인구가 고령화되면서 노동시장의 주축이 40세 이상의 중장년층으로 옮겨가고 있다. 2013년 근로자의 평균 연령은 44세였다. 1990년 38.9세에서 5.1세가 증가한 것이다.[9] 특히 생산직 근로자의 고령화가 심각해 평균 연령이 2000년의 40.9세에서 2013년 48.3세로 껑충 뛰었다. 생산직의 48.3%가 50대 이상의 준고령층[10]이고, 15~29세 청년층은 8.8%에 불과한 것으로 나타났다. 이에 따라 베이비붐 세대(1955~1963년생)인 준고령층 생산직이 대부분 은퇴하는 2020년대 초반에는 산업현장에서의 세대 간 숙련 노하우 전수 문제가 부상할 것으로 예상된다.[11]

일본보다 낮은 출산율

고령화와 더불어 인구구조의 변화를 촉발하는 것이 저출산 문제다.

---

9 정선영, 「인구구조 변화가 고용에 미치는 영향」, 한국은행, 2013년 10월 2일.
10 고령자고용촉진법 시행령상 준고령자는 50~55세를 말한다.
11 오호영, 「산업현장의 숙련단절이 다가온다」, 한국무역협회, 2013년 9월 9일.

1989년의 이른바 '1.57(평균 출산율)쇼크'로 일본열도는 경악했다. 부양률이 상승하더라도 질적인 측면에서 유소년 부양률보다는 노인 부양률이 경제성장에 더 좋지 않은 영향을 미친다. 15년이 지나면 유소년인구는 생산가능인구로 전환되지만, 고령자는 생산활동으로부터 더욱 멀어지기 때문이다. 일본은 1998년을 기점으로 노령인구 비중이 유소년인구 비중을 뛰어넘어 그 격차가 지속적으로 확대되고 있다.

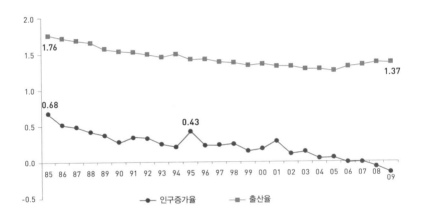

그림11 일본의 인구증가율과 출산율

자료: OECD

한국은 일본보다 저출산 문제가 더 심각한 나라다. 고도성장기에 대한민국의 인구는 폭발하였다. 식량은 산술급수적으로 늘어나는데 인구는 기하급수적으로 늘어나 인류의 재앙이 될 것이라는 맬서스의 관점에서 정부는 산아제한 캠페인을 벌였다. 정부가 첫 번째 작품으로 1960년대 유포했던 구호는 "덮어놓고 낳다 보면 거지꼴을 못 면한다"는 노골적 협박이었다. 1970년대 들어 "딸 아들 구별 말고 둘만 낳아 잘 기르자"로 순화되었다. 1980년대 들어서는 "잘 키운 딸 하나 열 아들 안 부럽다"는 표어로 한 자녀를 권장하였다. 이 시기 인구증가는 곧 생활수준의 저하를 의미하였다.

그런데 "하나만 낳아도 삼천리는 초만원"이라는 캠페인은 미래를 내다보지 못한 근시안적 정책이었다. 1990년대 들어 평균 출산율은 지속적으로 하락하여 2001년 초저출산율인 1.3을 기록한 후 2005년 1.08까지 내려갔다. OECD 국가들 중 최저 수준이다. 인구유지에 필요한 '인구 대체율Replacement Rate'인 2.1명에 훨씬 못 미친다. "덮어놓고 낳다 보면 거지꼴을 못 면한다"는 노골적 협박은 "아빠, 혼자는 싫어요. 엄마, 저도 동생을 갖고 싶어요"라는 애절한 호소로 바뀌었다. 이 역시 다이내믹 코리아의 일면이라고 해야 할까?

이처럼 고령화의 속도는 일본보다 빠르고, 출산율은 일본보다 낮다. 일할 사람은 줄어들고 부양받을 사람은 늘어나는 이 같은 인구구조의 변화는 필연적으로 부양률을 급속히 높일 수밖에 없다. 2012년 36.5%였던 부양률은 2027년에는 50.0%가 될 것으로 전망한다. 두 사람이 일해 한 사람을 부양해야 하는 사회를 우리는 이제껏 경험해보지 못했다. 세금 내는 사람들은 줄어들고 국가로부터 사회보장을 받아야 하는 사람들은 늘어나니 현재의 복지수준이 그대로 유지되더라도 재정 건전성

그림12 한국의 인구증가율과 출산율

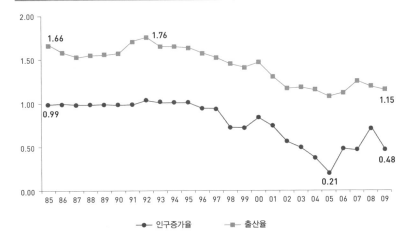

자료: 통계청

이 크게 위협받을 것이라는 점은 명약관화하다.

고령화로 인한 소비 위축은 일본보다 더 심각

고령화는 노동공급 능력의 저하 그리고 부양률 상승에 따른 재정부담 증대만을 초래하는 것이 아니다. 앞에서도 언급했듯이 소비 위축을 불러오는 특징이 있다. 소비 위축은 재고 증가, 신규투자 중단, 생산 감축, 고용 감소 등으로 이어진다. 일본의 잃어버린 20년이 바로 이 패턴을 거쳐왔다.

일본의 고령층은 첫째, 전통적 가족 형태가 사라지고 핵가족화되면

그림13 한국의 인구 피라미드

	1980년	2005년	2020년	2030년	2050년
총인구 (만 명)	3,812	4,728	4,996	4,933	4,235
생산가능인구 (만 명)	2,372	3,369	3,584	3,189	2,276
노인인구 (만 명)	146	437	782	1,190	1,579
유소년인구 (만 명)	1,295	899	630	554	380

자료: 통계청

서 가족으로부터 부양을 기대하기 어렵다는 점(2011년 한 해 무려 3만 2000명의 독거노인이 고독사로 세상을 떠났다), 둘째, 연금의 소득 대체율이 중위소득층 기준으로 35.7%에 불과해 OECD 평균인 60.8%(2008년 기준)에 비해 상당히 낮다는 점 등으로 좀처럼 지갑을 열지 않았다. 〈표 1〉에서 확인되듯이 일본의 60세 이상 인구는 전체 개인 금융자산의 56%를 보유하고 있고 부채도 상대적으로 적음에도 불구하고 소비지출 규모는 40~50대에 비해 작았다.

상황이 이러하자 일본 정부는 2012년 부모가 자녀에게 집을 사주면 세금을 감면 또는 유예해주는 사전상속 장려 방안과 손자손녀의 교육비를 조부모가 낼 경우 1500만 엔까지 비과세하는 파격적인 대책을 내

〈표 1〉 세대주 연령별 세대당 소득, 금융자산, 부채, 소비지출액 비교(2008년)

단위: 만 엔

연령	평균	29세 이하	30~39세	40~49세	50~59세	60~69세	70세이상
연 소득	637	453	589	766	824	565	456
금융자산	1,680	272	635	1,179	1,675	2,288	2,415
부채	498	364	813	954	525	217	124
연 소비지출	360	300	336	408	420	336	288

자료: 한국은행, 「일본의 내수 부진 배경」, 2010년 7월

놓았다. 금융자산이 많은 고령층의 지갑을 열어 주택경기를 활성화시키고 젊은 층의 주거부담과 교육비를 줄여 소비 여력을 키우기 위한 고육지책苦肉之策이었다.

그렇다면 일본보다 고령화의 속도가 빠른 한국은 어떠한가? 한국 고령층의 소비 여력은 일본에 비해 현저히 떨어진다. 먼저 국민연금의 소득 대체율은 2013년 현재 20%에도 못 미쳐 일본보다 낮다. 한국노동연구원 '고령화연구패널'에 의하면 은퇴자 1인당 평균 순자산은 1억 243만 원으로 일본보다 적다.

더 큰 문제는 포트폴리오다. 일본의 가구별 자산구조를 보면 '금융자산 59.1%-부동산 27%-기타 13.9%'인 반면, 한국의 경우 '부동산 70%-금융자산 25%-기타 5%'로 확연히 차이난다. 부동산 비중이 높은 것은 유동성과 환금성이 떨어진다는 것을 의미한다. 국민연금공단이 2011년 가구주 연령이 50대 이상인 5221가구를 조사한 결과에 따르면, 가구당 평균 순자산은 1억 8322만 원으로 2009년의 1억 9403만

원 대비 5.5% 감소한 것으로 나타났다. 집값 하락이 영향을 미친 것으로 보인다.

한국의 노인 빈곤율이 2011년 현재 45.1%로 OECD 회원국 중 가장 높은 것도 소비 위축과 관련, 심각한 위협요인이 되고 있다. 노인 빈곤율이란 65세 이상 가구 중 소득이 중위 가구(전체 가구를 소득 순으로 나열할 때 중간에 위치하는 가구) 소득의 절반에 못 미치는 가구의 비율을 뜻한다. OECD 평균 노인 빈곤율이 13.5%인 점을 고려하면 한국의 빈곤 노인층은 평균적인 OECD 평균의 세 배가량인 셈이다. 노인 빈곤율이 높다는 것은 고령층의 소비 능력이 낮아진다는 것을 의미한다.

도쿄 중심부 신주쿠新宿에 위치한 게이오백화점 8층은 시니어 전용공간이다. 이 백화점 매출의 70%가 시니어 소비자들의 몫이다. 1947~1949년에 출생한 일본의 베이비붐 세대인 '단카이団塊 세대'가 보유한 금융자산은 130조 엔으로 한국의 GDP보다 많다. 이들의 은퇴가 시작된 2007년 이후 '액티브 시니어' 시장이 활성화되고 있다. 일본 고령층의 소비증가는 거의 모든 분야에서 매우 뚜렷하게 관찰된다.[12]

그렇다면 한국은? 서울대학교 사회학과 송호근 교수가 쓴 한국의 베이비부머들에 대한 보고서 「그들은 소리 내 울지 않는다」에서 생생하게 묘사되었듯이, 한국의 베이비붐 세대는 부모공양과 자식부양의 이중책

---

12 '1000조 원…일본은 실버 시장서 골드를 캔다', 《조선일보》 2013년 11월 27일 B11.

임을 지면서도 자식들로부터 부양을 기대하기 힘든 처음이자 마지막 세대다. 이중 부양으로 축적해놓은 자산은 적고 노후는 스스로 책임져야 하니 씀씀이가 좋을 리 없다. 국회 예산정책처는 이들의 은퇴가 본격화되면, 우리 경제의 소비성향은 더욱 둔화될 것이라 전망하였다. 그래서일까?《매일경제신문》이 2010년 2월 연재한 '베이비부머 은퇴쇼크 시작됐다' 시리즈에 의하면, 일본은 열 명 중 여덟 명이 노후 걱정이 없다고 답한 반면, 한국은 거꾸로 열 명 중 여덟 명이 노후 걱정이 많다고 답했다.

'생애주기가설'이 들어맞지 않는 나라

인간의 소비행위 패턴을 가장 잘 설명하는 학설이 '생애주기가설Life Cycle Hypothesis'이다. 이 가설에 따르면 합리적인 개인은 근로세대일 때 소득보다 소비를 적게 하여 자산을 축적하고 노후에 그 자산을 처분하여 소비하기 때문에 고령층의 평균 소비성향(소비지출액/가처분 소득)이 중장년층보다 높다. 일본의 경우 고령층의 소비성향이 약한 것은 사실이나, 그렇다고 해서 이 범주를 벗어나지는 않는다.

그런데 한국은 2000년대 들어 이 가설이 들어맞지 않는 나라가 되었다. 1990년의 60대 이상 고령자 가구의 평균 소비성향은 94%(도시 2인 이상 가구 기준)로 30대(72.2%), 40대(80.1%), 50대(79.2%) 가구의 평균 소비성향보다 월등히 높았으며 2000년까지도 이러한 순서가 유지되었다. 그러나

2000년대 들어 60대 이상 가구의 소비성향은 점차 하락하여 2003년
을 기점으로 40대 가구보다 더 낮아졌고, 2010년에는 30대 가구보다
낮아지는 현상이 발생했다. 한국 경제의 소비성향 저하현상은 2000년
대 들어 추세적으로 지속되었고 금융위기 이후 하락세가 더욱 뚜렷해
진 모습이다. 그런데 이 같은 소비성향의 하락을 60대 이상 고령층이
주도하고 있다. 2008년 대비 2012년 소비성향은 60대 가구에서 5.9%
포인트, 70세 이상 가구에서 6.8%포인트 감소하여 1.6%포인트 증가한
30대 가구와 1.9%포인트 소폭 감소에 그친 40대 가구와 대조되는 모
습을 보였다. 기대여명의 빠른 증가, 자녀 교육비의 급격한 상승, 금융
위기 이후의 부동산 가격 둔화와 실질금리 하락 등 예상치 못한 변화
로 고령층의 재정상태가 악화된 것이 소비 위축의 주요 원인인 것으로

그림14 평균 소비성향 추이

평균 소비성향은 한 가구의 가처분 소득 중
소비 지출이 차지하는 비율
베이비붐 세대는 1955~1963년 출생자

자료: 통계청

2장. '성숙을 넘어 조로로' 퇴조하는 한국 경제

분석된다.[13] 이처럼 초고속·압축 고령화는 한국 경제의 활력을 저하시키는 최대 위협요인으로 작용하고 있다.

---

13 고가영, 「노후 대비 부족한 고령층, 소비할 여력이 없다」, LG경제연구원, 2013년 11월 4일.

또 하나의 암초,
근로정신의 퇴화

새벽종이 울렸네. 새아침이 밝았네.

너도 나도 일어나 새마을을 가꾸세.

새마을 노래의 도입부다. 한강의 기적은 '조선 놈들은 안 돼'라는 엽전의식을 떨쳐내고 '하면 된다'는 정신Can Do Spirit으로 무장했기에 가능했다. 그 핵심은 근면·자조·협동의 새마을정신이었다.

여타 조건들이 비슷하다고 할 때, 노동력이 풍부하고 우수한 나라의 경제 발전이 빠르다는 것은 경제학의 상식이다. 국토가 협소하고 자원도 빈약한 한국이 고도성장을 성취할 수 있었던 결정적 요인의 하나가 바로 근면하고 성실한 인적 자원의 풍부함이었다. 그런데 인류 역사상 가장 빠르게 진행되고 있는 초고속 고령화는 한국 경제의 최대 장점인 인적 자원의 풍부함과 우수성을 훼손하고 있다.

그렇다면 어떻게 대응해야 하는가? 한 가지 분명히 인식해야 할 점은 고령화에 대한 대응은 피할 수도 이길 수도 없는 게임이라는 사실이다. 그 속도를 줄이고 고령화로 인한 폐해를 줄이는 데 초점을 맞추는 것이 지혜롭고 현명한 대응이다. 출산율을 높이는 것은 물론 긴요하다. 그러나 상승속도가 매우 더딜 뿐더러, 성공한다 할지라도 늘어난 신생아들이 노동시장에 참여하는 것은 15년 후이기 때문에 출산율 제고는 중장기적 안목에서 추진하여야 할 정책과제다.

일하는 사람은 줄고 부양받을 사람은 늘어나는 고령화시대의 부작용을 줄일 수 있는 최선의 방법은 생산가능인구 중 한 사람이라도 더 일하는 것이다. 즉, 고용률(취업자 수/생산가능인구)을 높이는 것이 노동공급 능력의 저하로 인한 부정적 효과를 최소화시킬 수 있는 가장 강력한 방법이다.

그런데 헝그리 정신의 실종으로 젊은 층의 근로 기피 현상이 심화되는 등 근로정신이 전반적으로 퇴화하고 있다. 1인당 국민소득이 3만 달러를 넘은 국가의 평균 고용률은 72%다. 그런데 한국의 2012년 고용률은 64%로 한참 못 미친다. 그렇다면 고용률을 높이는 핵심은 무엇인가? 근로 의지를 나타내는 지표인 경제활동 참가율(경제활동인구/생산가능인구)을 끌어올리는 것이다. 〈표 2〉에서 확인되듯이 고용률과 경제활동 참가율은 정비례의 함수관계를 가지고 있다. 그런데 한국의 경제활동 참가율은 OECD 평균보다 4% 이상 낮다. 일본보다는 8% 가까이 낮다. 근로 능력이 있는 사람들 중에서 취업을 포기한 사람들이 그만큼 많다는 것이다.

〈표 2〉 OECD 주요국의 고용률 및 경제활동 참가율(%)

국가별	고용률					경제활동 참가율				
	2008	2009	2010	2011	2012	2008	2009	2010	2011	2012
OECD 평균	66.5	64.7	64.6	64.8	65.0	70.8	70.6	70.6	70.6	70.7
호주	73.2	72	72.4	72.7	72.3	76.5	76.4	76.5	76.7	76.4
벨기에	62.4	61.6	52	61.9	61.8	67.1	66.9	67.7	66.7	66.9
캐나다	73.6	71.5	71.5	72.0	72.2	76.5	78.0	77.8	77.8	77.9
체코	66.6	65.4	65.0	65.7	66.6	69.7	70.1	70.2	70.5	71.6
덴마크	77.9	75.4	73.4	73.2	72.6	80.7	80.2	79.4	79.3	78.7
프랑스	64.8	64.0	63.9	63.9	63.9	70.0	70.5	70.5	70.4	71.0
독일	70.1	70.3	71.1	72.5	72.8	75.9	76.4	76.6	77.2	77.1
일본	71.1	70.5	70.6	71.1	70.6	73.8	73.9	71.0	73.8	74.0
한국	63.8	62.9	63.3	63.8	64.2	66.0	65.4	65.8	66.2	66.4
멕시코	60.7	59.8	59.7	60.0	60.9	63.5	62.8	63.7	63.3	64.2
노르웨이	78.0	76.4	75.3	75.3	75.8	80.2	79.0	78.2	78.0	78.3
스웨덴	74.3	72.2	72.2	73.6	73.8	80.8	78.9	79.5	80.3	80.3
영국	71.5	69.9	69.5	69.5	70.1	76.8	76.6	76.3	76.5	76.2

주: 고용률, 경제활동 참가율 OECD 기준(15~64세)
자료: OECD, Employment Outlook, 2012

일본보다 낮은 경제활동 참가율

대학 진학률은 세계 최고 수준인데 경제활동 참가율이 높지 않은 상태로는 미래를 개척해 나아갈 수 없다. 우리보다 잘사는 선진국 국민들 중 근로를 포기한 사람들의 비중이 우리보다 낮다면 해법은 자명하다. 더 많은 사람들이 일터에 나가야 한다. 그런데 현실은 그렇지 못하다. 〈그림 15〉에서 확인되듯 한국은 OECD 평균과 비교해 여성과 청년층의 근로참여가 대단히 취약하다.

 고용률 비교(2011년)

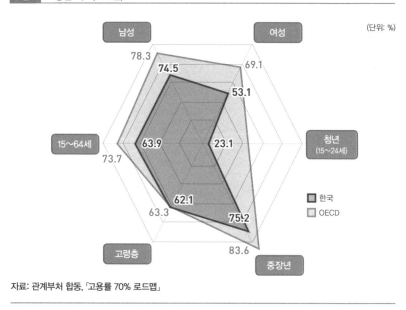

자료: 관계부처 합동, 「고용률 70% 로드맵」

현재 한국 여성들의 경제활동 참가율은 50% 수준이다. 1997년 이후 제자리걸음을 하고 있다. 타 선진국들에 비해 매우 낮은 수준으로 OECD 회원국 중 하위권이다. 20대에 취업률이 높게 나타나다가 결혼·출산·육아 시기인 30대 들어 급격히 낮아진 후 40대에 들어 회복되는 이른바 경력단절형 'M자형 곡선'이 가장 심한 OECD 회원국이 일본과 한국이다. 일본 내각부 2013년도 백서에 따르면, 2011년 기준으로 결혼 전 취업한 여성을 100으로 보았을 때 이후 취업을 유지하는 비율은 결혼 직후 71.4%로 줄어들고 첫 아이 출산 후 32.8%, 둘째 아이 출산 후 23.1%로 급락하였다. 결혼·출산·육아로 일을 그만두는 여성이 그만큼 많은 나라가 일본이다.

그런데 한국은 더 심각하다. 일본도 선진국 중 여성의 경제활동 참가율이 뒤처지는 나라지만, 그 일본(63.0%)보다 8%나 낮은 나라가 바로 한국(54.9%)이다. 통계청에 따르면 2013년 6월 가사와 육아 전념자는 721만 9000명으로 집계되어 관련 통계가 작성된 1999년 이후 6월 기준 최고치를 기록했다. 같은 시점 15세 이상 인구는 4209만 8000명으로 노동이 가능한 인구 전체 여섯 명 중 한 명이 가사와 육아에 전념하고 있는 셈이다. 비경제활동인구 1580만 7000명 중에서는 45.6%가 전업주부다. 일과 가정의 양립이 수월치 않아 가사와 육아 전념자가 많아진 것이겠지만, 그만큼 취업을 포기한 여성들이 많아졌다는 것은 나라의 앞날에 대단히 부정적 요소다.

일본보다 많은 청년 니트, '대공 신드롬'

취업난이 심화되면서 청년층(15~29세 기준) 사이에서는 미취업 상태이면

〈표 3〉 OECD 주요 국가의 여성 경제활동 참가율

(단위: %)

	한국	일본	미국	OECD 평균
2009년	53.9	62.9	69.0	61.5
2010년	54.5	63.2	68.4	61.8
2011년	54.9	63.0	67.8	61.8

자료: OECD, Employment Outlook, 2012

그림6 연령별 여성 경제활동 참가율 비교

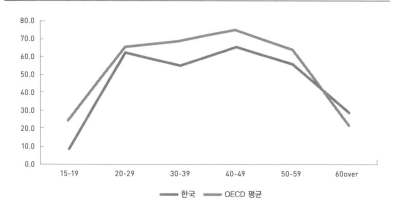

자료: OECD, 「2012 한국보고서」

서도 교육이나 직업훈련 등을 받지 않는 니트NEET: Not in Education, Employment or Training족이 증가하고 있다. 경제활동을 포기하는 청년층이 늘어난 것이다. 2013년 5월 국제노동기구ILO가 발표한 「2013년 세계 청년 고용 동향」에 따르면 우리나라 청년의 니트족 비율은 19.2%로 나타났다. 청년 다섯 명 중 한 명이 대책 없이 놀고 있는 것이다. 우리나라 청년 니트족의 비율은 OECD 평균(15.8%)보다 높은 것으로, 회원국 중에서 일곱 번째로 높았다. 잃어버린 20년 동안 니트를 심각한 사회경제적 문제로 다루어온 일본보다 두 배가량 높다.

〈표 4〉 OECD 주요 국가의 NEET 비율 및 청년 실업률

(단위: %)

	NEET족 비율			청년 실업률		
	2008	2009	2010	2008	2009	2010
한국	18.5	19.0	19.2	9.3(7.2)	9.8(8.1)	9.8(8.0)
일본	7.4	8.5	9.9	7.2	9.1	9.2
독일	11.6	11.6	12.0	10.4	11.0	9.7
영국	14.8	15.7	15.9	14.1	18.9	19.3
OECD 평균	13.7	15.4	15.8	12.7	16.4	16.7

주: 1) NEET 조사대상 연령층은 15~29세임. 단, 일본은 15~34세 대상
   2) 청년 실업률 조사 대상 연령층은 15세~24세임. 괄호 안은 15~29세를 대상으로 한 수치
자료: ILO, 「Global Employment Trends for Youth 2013」

우리나라 청년층의 경제활동 참가율은 2004년 49.2%를 기록한 후 지속적으로 하락해 2012년 현재 43.7%에 머물고 있다. 구직활동을 아예 포기한 니트는 지속적으로 증가하여 15~34세 기준으로 2012년 100만 명을 넘어섰다.

2009년 한 회의에서 만난 일본 국회의원은 자신의 옛 직장동료에게 들은 이야기를 전해주며 도전정신을 상실하고 초식草食화 되어가는 자국 젊은이들에 대한 걱정을 쏟아냈다. 미쓰이三井물산 신입사원 인터뷰에서 도쿄東京대학 출신 응시자에게 "왜 종합상사에 지원했는가?"라고

물었다고 한다. 프론티어 정신과 해외시장 개척 등의 대답을 예상했는데 "큰 회사라서 쉽게 망하지 않을 것 같아"라고 했다. 근무 희망지를 물었더니 국내라고 답했다 한다. 그것도 아주 또렷한 어조로.

그렇다면 우리 대한의 젊은이들은 어떠한가? 실패를 두려워하지 않는 불굴의 도전정신이야말로 젊음의 특권이라는 말은 옛 것이 되었다. 2013년 삼성그룹 입사시험인 삼성직무적성검사SSAT에 무려 10만 명이 응시하고 현대기아차의 경쟁률은 100대 1을 넘어섰다. 9급 공무원시험엔 20만 명이나 몰려든다. 요즘 젊은이들의 대기업과 공무원, 공기업 등 크고 안전한 직장에 대한 선호는 무제한적이다. 가히 '대공大公 신드롬'이라 부를 만하다.

대기업과 공기업을 놓고 보면, 후자에 대한 선호가 압도적이다. 서울대는 국립대학법인으로 전환한 후 2012년 11월 처음으로 9급 교직원 채용 공고를 냈다. 공무원 9급과 동일한 수준인 2000만 원을 조금 넘는 연봉(일반 사립대 교직원의 70%, 대기업의 절반 수준)이지만, 60세 정년 보장과 퇴직 후 사학연금을 받는 조건이었다. 42명 모집에 지원자는 총 2576명, 그중 이른바 SKY대학 출신 지원자만 338명이었다. 30대 대기업 출신 지원자는 119명으로 삼성전자, LG전자는 물론 금융권에 다니는 지원자도 있었다. 162명은 석사 학위 소지자였다. 공인노무사나 세무사 자격증 보유자도 있었다. 이렇듯 대기업 출신 지원자가 많았던 이유는 연봉보다 정년 보장 등 고용안정을 중시하는 세태 때문이었다.

공무원, 공기업에 대한 무한 선호현상은 한국 사회의 풍경을 바꿔놓고 있다. 서울시 7급 공무원 선발 시험이 있는 날 지방에서 상경하는 KTX 특별차량이 편성되었다는 뉴스는 이미 오래 전 일이다. 노량진 고시촌에는 2500원짜리 컵밥을 사먹으며 공무원시험 합격을 오매불망 염원하는 공시족(공무원시험을 준비하는 사람)들이 넘쳐난다.

이렇듯 크고 안전한 직장에 대한 취업 선호가 과열되자 그런 직장에 취직 못 하느니 차라리 놀겠다는 자발적 실업이 늘고 있다. '삼포세대(취업, 연애, 결혼을 포기한 세대)', '캥거루족(독립할 나이가 지났는데도 부모에게 경제적으로 의존하는 사람)', '잉여인간(취업을 포기하고 인터넷 게임과 검색 등에 온종일 시간을 보내는 쓸모없는 인간)' 등의 신조어는 작금의 세태를 압축적으로 표현한다. 이처럼 한국의 워킹 스피릿은 퇴화하고 있다. 헝그리 정신은 실종되었다.

청년층의 워킹 스피릿 결핍은 그들 세대만의 불행으로 끝나지 않는다. 아버지가 자녀들에 대한 무한지원으로 괜찮았던 경제력을 상실하고 자살까지 한 사건이 발생하였다.[14] 아예 '빨대족'이라는 노골적인 신조어까지 등장했다. '캥거루족'은 취업을 하지 않고 부모에게 얹혀 살거나 혹은 취업을 했더라도 부모로부터 경제적으로 독립하지 않는 자녀를 의미하는데, '빨대족'은 여기서 더 나아가 부모의 노후자금에 빨대를 꽂아 제 돈처럼 사용하는 자녀를 비꼬아 일컫는 말이다.[15]

2013년 5월 서울대 노화고령사회연구소가 내놓은 보고서에 따르면,

---

14 '노후자금까지 다 내준 캥거루족 부모의 비극', 《조선일보》, 2013년 10일 10일.
15 '50대 女 빨대족 아들에게 한 달 보내는 용돈이…', 《머니투데이》, 2013년 12월 25일.

베이비붐 세대의 월평균 생활비 283만 7000원 가운데 지출 1순위는 자녀 뒷바라지(117만 6000원)인 것으로 나타났다. 그러니 고령층의 소비능력이 저하될 수밖에 없다. 노인 빈곤율이 세계 최고 수준이고 청년 니트 비율이 높은 것도 이 같은 '자녀에 대한 무한리필 풍토'와 무관하지 않다.

1990년대 일본에서 유학했을 때의 일이다. 대학원 석사과정에 다니던 한 일본 학생은 집이 꽤 부자였는데 등록금 마련을 위한 아르바이트로 늘 분주했다. 그에게 부모님께 지원요청을 하지 않는 이유를 물었다. 의외의 질문이라는 표정과 함께 돌아온 답은 이랬다. "대학 졸업시켜 준 것으로 부모의 지원은 끝났다. 부모는 더 줄려고 하지 않고 나도 더 달라고 하지 않는다. 대부분의 일본 가정이 그렇다." 이렇듯 한국의 온정주의적 가족문화는 초고속 고령화로 인한 충격과 부작용을 극복해 나가는 데 큰 짐이 되고 있다.

성숙 단계 조기 졸업과
노화의 본격화

압축 성장과 압축 쇠퇴

'빨리빨리'는 김치, 온돌 등과 더불어 세계에 가장 많이 알려진 한국
어다. 은행이나 관공서에서 대기표를 뽑고 기다리면 한국만큼 차례가
빨리 돌아오는 나라가 없다. 인천공항의 국제경쟁력이 탁월한 이유 중
하나가 바로 출입국 수속의 신속함이다. 에스컬레이터를 타고도 걸어서
오르내리는 사람들이 가장 많은 나라가 한국이다. 서류나 물건을 오토
바이로 신속하게 배달하는 퀵서비스라는 비즈니스도 한국에서 처음으
로 탄생하였다.

날림공사로 인한 성수대교와 삼풍백화점 붕괴와 같은 국가적 아픔

도 있었지만, 빨리빨리 문화는 선진문물에 대한 왕성한 흡수력으로 이어져 경제성장에 강점으로 작용하였다. 많은 사람들이 일본에 없는 역동성이 한국에는 있다고 평하는 이유도 빨리빨리 문화와 무관치 않다. 세계 역사상 유례가 없던 일본의 고도성장은 한국에서 그보다 빠른 압축 성장으로 나타났다.

문제는 상승속도가 빨랐던 만큼 하강속도도 빠른 것 아니냐는 점이다. 노동력이 제조업에서 서비스업으로 이동하는 탈공업화는 한국에서 1989년에 시작되었다. 그런데 다른 선진국들과 비교해보면 한국은 국민소득이 상대적으로 낮은 단계에서 탈공업화가 시작되었다. 신관호 교수에 의하면 한국은 구매력 기준 1인당 GDP가 8667달러(2000년 미 달러 기준)였던 시점에 탈공업화가 시작되었는데, 이는 타 선진국과 비교해보면 매우 이른 것이었다.

〈표 5〉 노동력의 탈공업화 국제 비교

	탈공업화 시작 연도(t)	시작연도 1인당 GDP (PPP2000U.S.$)	시작연도 제조업 고용 비중	(t-8) 연평균 제조업 고용 비중 증가율	(t+8)연평균 제조업 고용 비중 증가율
미국	1953	$12,155	26.40%	0.40%	−0.44%
영국	1955	$13,152	35.90%	0.30%	−0.09%
프랑스	1964	$15,182	26.20%	0.17%	−0.05%
독일	1970	$13,686	35.80%	0.07%	−0.51%
일본	1973	$13,438	26.20%	0.37%	−0.38%
이탈리아	1980	$15,828	29.10%	0.13%	−0.57%
한국	1989	$8,667	28.70%	0.90%	−0.91%

자료: 신관호, 앞의책, 87쪽

이러한 '때 이른 탈공업화Premature Deindustrialization'가 진행된 이유로는 중국의 급격한 부상에 따른 노동집약적 제조업으로부터의 퇴각을 들 수 있다. 1987년 민주화 이후 노동운동의 활성화로 인한 임금상승도 한 몫을 했다. 과도하게 조기에 이루어진 탈공업화도 특징이지만, 탈공업화가 시작되기 이전과 이후의 제조업 고용 비중의 변화에 있어서도 한국은 가장 다이내믹하다. 어느 선진국보다도 제조업 고용이 빠르게 늘다가 빠르게 준 것이다. 성형수술뿐만 아니라 고용구조에 있어서도 한국은 전Before과 후After의 차이가 가장 큰 나라다.

1990년대는 고용의 탈공업화만 진행된 것이 아니다. 전술한 바와 같이 도시화율이 정체된 것도 1990년대이고, 평균 출산율이 하락하기 시작한 것도 1990년대다. 이 모든 것은 한국 경제가 1990년대에 성숙 단계에 들어섰음을 의미한다. 경제 역시 유기체다. 인간도 연 10㎝ 이상 키가 크는 질풍노도의 시기를 지나 성년에 이르면 신체적 변화가 둔화된다. 고도성장기를 지나 성숙기에 접어든 경제의 성장률이 하강하는 것은 자연스런 현상이다.

이미 일본화가 시작된 한국

문제는 하강의 속도다. 한국 경제는 1980년대까지의 고도성장에서 1990년대 연평균 6.7%라는 중성장 시대를 거쳐 2010년대 저성장 시대로 진입하였다. 2000년대의 4%대 성장은 중성장 시대에서 저성장 시대로 바뀌는 과도기였다고 할 수 있다.

2008년 글로벌 금융위기 이후 세계경제는 꽁꽁 얼어붙었다. 계절로 따지자면 한겨울이다. 기획재정부는 한국 경제의 높은 대외 의존도가 일본식 장기불황을 예방할 수 있다고 했으나, 이 경우는 영 다르다. 대외 의존도가 높은 만큼 세계적 경기 침체의 직격탄을 피해갈 수 없다. 설령 어려운 대외 여건을 극복하고 수출이 호조를 기록하더라도 낙수효과의 실종으로 인해 내수 부진을 면키 어렵다. 2011년 3.6%, 2012년 2.0%의 성장률을 기록한 한국 경제는 2013년 2.8% 성장하였다. 3년 연속 잠재성장률을 밑도는 초유의 상황이 발생한 것이다. 기획재정부는 2014년 성장률을 3.9%로 내다봤지만 이것은 상당히 낙관적인 수치라는 평가가 우세하다.

국제통화기금IMF은 2014년 한국 경제의 성장률 전망치를 3.7%로 하향 조정했다. 이렇게 되면 한국 경제는 4년 연속 2~3%대 성장이라는, 한국은행이 국내총생산 성장률 통계를 발표하기 시작한 1953년 이래 초유의 저성장을 기록하게 된다. 1980년대만 하더라도 연평균 9%대의 고도성장을 구가하던 한국 경제가 불과 20여 년 만에 2~3%대의 저성장 시대에 진입한 것이다.

일본이 그랬다. 한국전쟁 특수와 도쿄올림픽 등의 호재를 안고 탈공업화가 시작된 1973년까지 일본 경제는 세계자본주의 역사에서 전례가 없는 연평균 10%의 고도성장을 달성했다. 이후 연평균 4%대 성장에 머물다가 1990년대 초 버블 붕괴 이후 20년 동안 연평균 0.76% 성장이라는 잃어버린 세월을 경험하게 된다. 1973년에 시작된 일본 경제의 성숙기는 1990년대 초에 끝나고 노화기가 시작되었다. 고령화의 진행 속도에서 확인되듯 일본은 타 선진국과 비교해 성숙 단계를 조기 졸업한 것이다.

한국 역시 1990년대 들어 시작된 성숙 단계를 20년 만에 졸업하고 2010년 이후에는 노화단계에 접어들었다. 성숙을 넘어 조로하고 있는 것이다. 혹한기의 세계경제, 초고속·압축 고령화, 근로정신의 퇴화 등이 한국 경제의 조로화를 촉진하고 있다. 성장과정에서 빛을 발했던 초고속성과 압축성은 지금 쇠퇴의 초고속성과 압축성으로 전이轉移되어 나타나고 있다.

지금 한국에서는 잃어버린 20년의 일본과 같은 전철을 밟을 것인가 아닌가를 두고 갑론을박이 이어지고 있지만, 이미 배는 떠났다. 이제까지 나타난 증상을 종합해볼 때, 한국은 이미 일본식 복합불황의 초기 단계에 들어섰다. 일본과 같은 버블 붕괴의 충격이 없었다 해서 다르다고 생각한다면 커다란 착각이다. 전술하였듯이 버블 붕괴는 일본화의 본질이 아니다.

금리와 물가는 사상 최저 수준인데 투자와 소비는 냉각되어 있다. 4저불황이 구조화되고 있는 것이다. 수출은 잘 나가는데 내수는 침체를 면치 못하고 있다. 일본보다 고령화의 속도는 빠르고 출산율은 낮다. 고령화로 인한 소비 위축의 정도도 훨씬 심하다. 근로 의지를 나타내는 경제활동 참가율은 일본보다 낮고, 청년 니트 비율은 일본보다 높

 그림17 잠재성장률 국제 비교

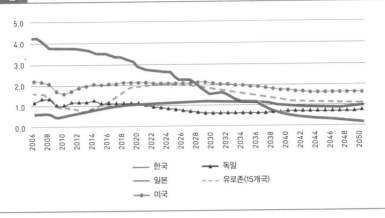

다. 재정 건전성의 악화 속도도 일본보다 빠르다. 다행히 디플레는 아직 나타나지 않고 있다. 그러나 시간문제일 뿐이다. 지금의 추세가 지속되면 디플레는 피할 수 없다. 한국은 지금 1990년대 초 버블 붕괴 이후 1999년 디플레가 시작되기까지 일본이 걸었던 길의 어딘가를 통과하고 있다.

〈그림 17〉은 한국의 잠재성장률을 다른 주요 국가들과 비교해놓은 것이다. KDI는 한국 경제의 잠재성장률을 2010년대 3.5~3.8%, 2020년대 2.6~2.8%, 2020~2030년대 1.6~2.2%로 전망했고, OECD는 2012~2017년 3.4%, 2018~2030년 2.4%, 2031~2050년 1%로 전망했다.

한국인의 기질을 설명할 때 자주 등장하는 단어가 냄비근성이다. 빨리 끓고 빨리 식는다는 것이다. 경제성장의 흐름 역시 동일한 양상을 나타내고 있다. 그 어느 나라보다도 빨랐던 압축 성장은 그 어느 선진국보다도 급강하하는 압축 쇠퇴로 나타나고 있다. 지금 추세대로 가면 2050년 한국은 세계에서 가장 늙은 국가가 된다.

3장

불균형 성장
전략의 종언

'낙수 효과'의 소멸과
'고용 없는 성장'의 구조화

경제성장에도 불구하고 일자리가 늘어나지 않거나, 오히려 줄어드는 현상을 고용 없는 성장이라 한다. 산업구조의 고도화에 따른 공장 자동화, IT산업에 대한 의존 확대, 노동집약형 업종들의 해외투자 확대 등이 고용 없는 성장의 주요 원인으로 꼽힌다. 경제가 성장하면 이에 비례해 일자리도 늘어나야 하는데, 반도체·휴대폰·LCD와 같은 IT산업은 기술·자본집약적인 산업의 특성상 매출이 크게 늘어나도 고용은 별로 늘어나지 않는다. 또 섬유나 식품 등 노동집약적인 제조업체들은 국내보다 임금이 싼 해외에서 인력을 조달하는 경우가 늘어나는데, 이러한 경향이 심해지면 국내 기업들의 고용 창출은 당연히 줄어들 수밖에 없다.

탈공업화와 서비스화가 시작된 1990년대 이후 한국 경제의 고용 없는 성장은 두드러지기 시작했다. 1990년대 연평균 성장률이 6.6%인데 반해 취업자 수 증가율은 1.6%에 그쳤으며, 2000년대의 경우 연평균 성장률이 4.2%인데 취업자 수 증가율은 1.2%로 거의 제자리걸음을 하였다. 한국 경제의 고용창출 능력은 1997년 외환위기 이후 더욱 저하되어 경제성장의 고용창출 능력을 나타내는 고용탄력성GDP elasticity of employment이 2000~2008년 기간 중 0.312로 OECD 국가 중 23위를 기록했다.

2008년 글로벌 금융위기를 모범적으로 극복했다고는 하나, 고용 면에서는 부진한 실적을 면치 못했다. 2009년 1분기에 전기 대비 플러스 성장을 기록한 뒤 2분기 2.6%의 성장률을 기록하고 3분기에도 2.9%의 '깜짝 성장'을 달성했다.

그런데 양질의 일자리로 분류되는 제조업 취업자 수는 2008년 4분기 −0.6%에서, 2009년 1분기 −1.5%, 2분기 −0.9%, 3분기에도 −1.4% 등 지속적 감소를 나타냈다. 〈그림 18〉에서 확인되듯이 최근 10년간 한국의 고용률은 정체되어 있다.

탈공업화와 서비스화가 반드시 고용의 정체를 가져오는 것은 아니다. 한국보다 앞서 같은 현상을 경험한 선진국의 경우 성공적인 서비스화로 고용 증진을 이룬 나라도 있다. 그렇다면 왜 한국 경제는 성숙 단계에 접어들면서 고용창출 능력이 떨어졌는가? 이는 한국 경제 특유의 성장경로에서 비롯된다.

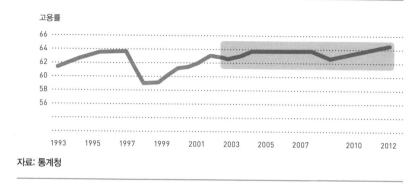

그림18 한국의 고용률 추이(%)

자료: 통계청

불균형 성장 전략의 대표적 성공 케이스, 한국

주지하듯이 한국 경제는 '불균형 성장론'에 입각한 성장전략을 채택해 왔다. 허쉬만Hirschman, A. O.과 같은 경제학자들에 의하면, 경제 발전은 선도先導 산업[16]의 성장이 타 산업에 연쇄반응적인 효과를 미치는 과정에서 이루어지는 것이므로 경제 발전을 하려면 소수의 선도 산업에 집중적인 투자를 해야 한다.

허쉬만은 선도 산업이 타 산업에 미치는 경제적인 효과를 연쇄효과 Linkage Effect라고 명명했는데, 연쇄효과는 전방 연쇄효과와 후방 연쇄효과로 구분된다. 전방 연쇄효과는 선도 산업의 발전이 그 선도 산업의

---

16 전략산업Strategic Industry과 동일한 의미로 쓰인다.

생산품을 사용하여 생신할 수 있는 새로운 산업을 발전시키는 효과를 말하며, 후방 연쇄효과는 선도 산업이 가동되면 그 선도 산업에 투입될 원자재 및 중간생산재를 생산하는 산업의 발전이 유발되는 효과를 의미한다.

삼성그룹의 창업주 이병철 회장은 1963년 6월 《한국일보》에 기고한 '우리가 잘사는 길'이란 연재물에서 한국은 영국과 같은 경제 발전의 고전적 코스를 밟아서는 빈곤과 낙후성을 극복할 수 없다며 외국차관을 도입해 대기업을 육성한 후 중소기업과 농업을 발전시켜야 한다고 주장하였다. 전형적인 불균형 성장 전략론이다.

본격적인 경제개발을 추진하기 시작했던 1960년대 초, 자본과 기술이 취약했던 한국은 외자도입을 통해 노동집약적 경공업을 선도 산업으로 육성하는 불균형 성장 전략을 추진하였다. 이후 자본과 기술이 축적됨에 따라 1970년대 중반부터는 중화학공업을 전략산업으로 육성하였다. 또한 1990년대 들어서는 통신 기술의 발달과 함께 IT산업을 새로운 선도 산업으로 발전시켰다. 그리고 이 모든 과정에서 협소한 내수시장의 한계를 극복하기 위해 수출 드라이브 정책을 강력하게 구사했다.

요약하면 이렇다. 한국은 서비스업보다 제조업을, 내수보다 수출을, 중소기업보다 대기업을 우선하는 불균형 성장 전략을 추진해왔고, 많은 비판과 저항에도 불구하고 기대 이상의 전후방 연쇄효과를 거둠으로써 세계가 깜짝 놀란 발전과 성취를 이루었다. 한국 경제는 선택과 집중의 대표적인 성공사례로 칭송받았다.

또한 수출입국을 위한 '작은 나라-큰 기업' 전략은 삼성, 현대, LG와 같은 세계적인 브랜드를 탄생시켰다. 세계 제2의 경제대국인 중국이 아직까지 이렇다 할 글로벌 브랜드를 보유하지 못한 것과 비교하면, 한국 경제의 성취는 실로 경이적인 것이라 아니할 수 없다.

그러나 1990년대 들어서면서 선도 부문의 발전이 비非선도 부문으로 확산되는 낙수 효과Trickle-down Effect는 현저히 약화되었고, 이는 고용의 양과 질 측면에서 정체 내지 악화로 이어졌다.

먼저 한국의 수출-제조-대기업들은 1987년 민주화 이후 강성 노동운동의 급신장 및 세계의 제조창으로서의 중국의 급부상에 대한 대응으로 노동집약적 상품의 생산기지를 임금이 낮은 개발도상국으로 대폭 이전하였다. 또한 1997년 외환위기 이후에는 수익성 제고를 위해 대대적인 구조조정을 실시했는데, 그 핵심은 명예퇴직 제도 등을 활용한 128만 명에 이르는 대규모 인원감축이었다.

또한 신수종사업으로 떠오른 IT산업의 경우, 공장자동화 등 그 특성으로 인해 신규고용 창출 효과는 미미하였다. 설상가상으로 무한경쟁의 세계화는 한국 대기업의 자본과 개발도상국 노동의 결합을 촉진하여, IT기업의 상당수가 해외에 생산기지를 두게 되었다. 삼성 휴대폰의 90% 이상, 현대기아차의 50% 이상이 해외에서 생산된다. 그 결과 수출호조-고용확대-소득증대-소비증가의 선순환 구조는 소멸되었다. 이를 불균형 성장의 세 가지 측면에서 살펴보자.

생산은 제조업 〉 서비스업, 고용은 제조업 〈 서비스업

먼저 제조업-서비스업에 대해 살펴보기로 하자. 한국은행이 작성한 산업연관표에 의하면, 산업구조(산출액 구성비)에서 제조업이 차지하는 비중은 1980년 51.0% 이후 1988년 52.7%로 50%를 상회하다 1990년 49.6%, 2005년 46.3%, 2009년 47.7%를 기록한 후 2010년에 50.2%, 2011년 52.2%로 50%대를 회복했다. 반면 서비스업의 산출액 구성비는 2005년 40.0%, 2009년 39.3%, 2010년 37.7%, 2011년 36.5%로 축소되고 있음을 알 수 있다.

그런데 이 같은 산출액 구성비와는 달리 취업자 수 구성비는 2011년 제조업 17.9%, 서비스업 66.1%로 서비스업이 압도적으로 높다. 이 수치가 2005년에는 각각 18.4%, 61.8%였던 것을 보면 제조업의 경우 생산 비중은 늘어나지만 고용 비중은 줄어들고, 서비스업은 생산 비중은 줄어들지만 고용 비중은 늘어나는 정반대의 현상을 보이고 있음을 알 수 있다.

생산과 취업에 있어서의 이러한 불균형은 양 산업의 취업유발효과가 다르기 때문에 생긴다. 최종 수요 10억 원 발생 시 일자리 수 증가를 나타내는 고용유발계수를 보면, 2011년 기준 제조업이 8.7명, 서비스업이 15.8명으로 서비스업이 두 배 가까이 높다. 제조업 중에서도 IT 업종인 전기 및 전자기기의 경우 6.1명으로 매우 낮은 편이다. 제조업에서 차지하는 첨단기술 부문의 비중은 부가가치 기준으로 1995년 20%

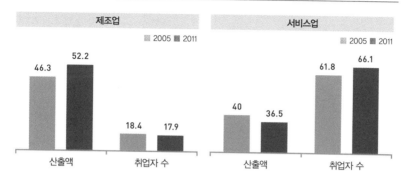

그림19 제조업과 서비스업의 구성비 추이(%)

제조업

2005 2011

46.3
52.2

18.4 17.9

산출액   취업자 수

서비스업

2005 2011

61.8   66.1

40
36.5

산출액   취업자 수

자료: 한국은행, 2011년 산업연관표

에서 2005년 40%로 급증하였으나, 고용 비중은 15%에서 17%로 상승하는 데 그친 것을 보면 현재 한국 경제 성장의 견인차 역할을 하고 있는 첨단기술 부문의 고용창출 효과는 지극히 미미하다고 하지 않을 수 없다.

그러나 더 심각한 문제는 제조업과 서비스업 모두 고용창출 능력이 저하되고 있다는 데서 나타난다. 전체 취업자 수는 연평균 기준으로 1990~1997년에는 46만 명씩 증가했으나, 1998~2013년 23만 명으로 증가폭이 둔화됐다. 이 중 제조업 취업자 수는 1990~2007년 연평균으로 약 4만 명씩 18년간 75만 명이 감소했다. 서비스업 취업자 수의 증가폭은 연평균 1990~1997년 54만 명에서 1998~2007년 34만 명, 2008~2012년 29만 명으로 둔화됐다. 다음의 〈그림 20〉은 이러한 변화를 잘 보여준다.

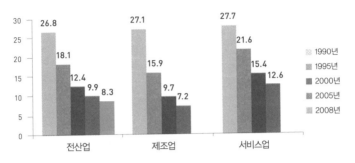

그림20 산업별 고용유발계수 추이

주: 고용유발계수는 생산액 10억 원당 직·간접적으로 유발되는 고용자 수
자료: 한국은행

수출입국의 명과 암

다음으로 수출–내수에 대해 살펴보면, 한국 수출산업의 취업유발
효과는 내수산업에 비해 낮다. 이는 한국의 제조업이 주로 수출 위주
이고 서비스업이 내수 중심인 현실과 깊이 관련되어 있다. 2011년 국
산품에 대한 최종 수요(1788조 8000억 원)에 의해 전 산업에서 직간접적으
로 창출된 부가가치는 1213조 6000억 원으로 국내총생산과 같다. 이
중 항목별 부가가치 유발액 비중을 보면 수출의 유발비중이 전년 대비
30.2%에서 31.1%로 확대된 반면, 소비(51.0%→50.6%)와 투자(18.7%→18.2%)

---

17 한국은행, 「2011년 산업연관표를 이용한 우리나라의 경제구조 분석」, 2013년 8월 21일.

의 유발 비중은 축소되었다. 그러나 취업유발계수는 소비 15.3명, 투자 12.0명, 수출 7.3명으로 수출이 가장 낮다.[17]

이렇듯 수출의 성장 기여도는 높지만, 고용창출기여도는 그만큼 높지 않다. 〈그림 21〉에서 나타나듯이 수출은 계속 증가하는 추세지만, 고용유발계수는 반대로 하락하고 있는 상황이다. 수출의 고용유발계수는 1999년 31.9명을 정점으로 계속 하락해 2009년에는 14.4명으로 10년 만에 절반 이하로 떨어졌다. 2011년 우리나라 무역액은 사상 최초로 1조 달러를 넘어서며 수출규모 세계 7위로 올라섰다. 그러나 수출증대가 고용증가로 이어지는 낙수 효과는 미미했다. 인력수요가 적은 정유화학과 같은 장치산업뿐만 아니라, 상대적으로 노동집약도가 높은 자동차업체들도 수출은 늘었지만 고용은 줄었다.

 **수출의 고용유발계수 추이**

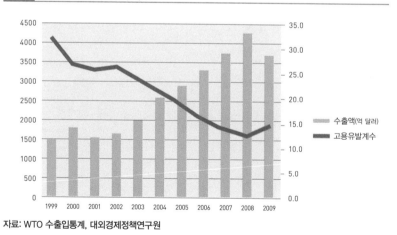

자료: WTO 수출입통계, 대외경제정책연구원

대기업 약진의 그늘

마지막으로 대기업과 고용의 관계를 살펴보면, 대기업의 고용유발계수는 낮아지고 있다. 이는 한국의 대기업들이 주로 제조업 기반의 수출 위주라는 점과 깊이 관련되어 있다. 전경련은 2000년부터 2012년까지 30대그룹의 종업원 수가 69만 8904명에서 123만 2238명으로 연평균 4.8% 증가해 같은 기간 전체 임금근로자의 연평균 증가율인 2.4%보다 두 배 높았다고 발표했다. 또한 삼성, 현대차, SK, LG 등 4대 그룹의 종업원이 2000년 32만 6228명에서 2012년 62만 5120명으로 늘어 30대 그룹 전체 종업원에서 차지하는 비중이 46.7%에서 50.7%로 커졌다고 발표했다.

그러나 늘어난 매출액, 당기순이익과 비교해볼 때 고용증가율은 상대적으로 낮았다. 기업실적 평가 사이트인 'CEO스코어'에 따르면, 10대 그룹 주력사의 고용유발계수는 2007년 1.17명에서 2012년 0.78명으로 하락한 것으로 나타났다.[18]

한국의 고용 없는 성장은 세 가지 특징을 지닌다. 첫째, 탈공업화와 서비스화에 따른 노동력 이동이 고부가가치 제조업에서 저부가가치 서비스업으로 집중되었다는 점이다. 1997년 외환위기 이후 제조 부문 대

---

18 '기업들 고용 없는 성장했는데 전경련은 고용 늘었다 생색내기 발표', 《조선비즈》 2013년 11월 4일.

〈표 6〉 10대그룹 주력사 매출대비 고용현황(개별기준)

구분	매출			직원 수			고용유발계수		
	2007년	2012년	증감률	2007년	*2012년	증감률	2007년	2012년	증감폭
삼성전자	631,760	1,412,064	123.5	84,721	90,254	6.5	1.34	0.64	−0.70
현대중공업	155,330	250,550	61.3	25,308	26,537	4.9	1.63	1.06	−0.57
현대자동차	304,891	431,624	41.6	55,629	59,589	7.1	1.82	1.38	−0.44
포스코	222,067	356,649	60.6	17,307	17,831	3.0	0.78	0.50	−0.28
대한항공	88,120	122,639	39.2	14,890	18,564	24.7	1.69	1.51	−0.18
한화	34,669	53,780	52.2	2,877	3,837	33.4	0.83	0.73	−0.10
SKT	112,859	123,327	9.3	4,542	4,038	−11.1	0.40	0.33	−0.08
**GS칼텍스	214,683	478,728	123.0	2,810	3,305	17.6	0.13	0.07	−0.06
LG전자	235,019	254,272	8.2	29,496	36,226	22.8	1.26	1.42	0.17
롯데쇼핑	97,681	161,218	65.0	8,542	24,512	187.0	0.87	1.52	0.65
합계	2,097,080	3,643,852	73.8	246,122	284,693	15.7	1.17	0.78	−0.39

자료: CEO스코어 / 단위: 억 원, %, %P / * : 2012년 3분기 기준 / ** : 연결 기준

기업 종사자의 상당수는 명예퇴직 후 음식·숙박, 도소매 등 영세자영업자로 변신하였다. 둘째, 정도의 차이가 있을 뿐 제조업과 서비스업 모두 고용창출 능력이 저하되고 있다는 점이다. 셋째, 고용의 질 또한 악화되고 있다는 점이다. 비정규직 근로자 수는 2001년 364만 명에서 2011년 600만 명으로 늘어났다. 대기업 대비 중소기업의 임금 수준은 1999년 71.0%→2002년 67.5%→2005년 64.3%→2008년 63.6%로 악화되고 있고, 저임금 근로자의 비중이 증가하여 현재 200만 명의 근로자가 최저임금 미만을 받고 있다.

탈공업화와 서비스화의
한국적 특징

　　전술한 바와 같이 1990년대 이래 진행된 탈공업화와 서비스화로 한국 경제에서 서비스산업이 차지하는 비중은 점차 증대되어 왔다. 서비스산업이 GDP에서 차지하는 비중은 지속적으로 증가하여 1970년 44.3%에서 2011년 58.1%까지 상승하였다.

　　서비스화는 고도로 산업화된 국가에서 관찰되는 보편적인 현상으로 대부분의 서구 국가들에서는 1960~1970년대 서비스산업이 광공업을 압도하였고, 2000년대 들어서는 서비스산업이 GDP에서 차지하는 비중이 70% 이상을 점하게 되었다. 서비스경제의 선두국가라 할 수 있는 미국은 1950년대부터 이미 서비스화가 진행되어 1979년에 제조업의 고용인원이 최고치에 달한 이후 지속적으로 하락한 반면, 서비스

그림20 국내 GDP 규모 및 서비스업 비중

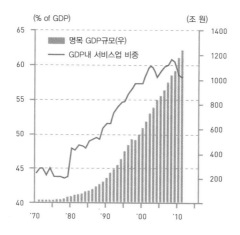

자료: 한국은행

업 고용 비중은 1970년대 후반에 70%를 돌파하는 지속적인 상승세를 보여 2008년 현재 전체 고용의 80% 이상을 차지하고 있다. GDP에서 차지하는 비중도 78%에 달한다. 우리나라의 경우 제조업 고용 비중은 1989년에 정점(28.7%)에 도달한 후 하락세에 있다.

그런데 최근 나타나는 서비스화의 특징은 생산에서 차지하는 비중은 늘지 않는데 고용 비중만 높아지고 있다는 점이다. 2001~2010년 연평균 실질부가가치 증가율은 제조업 6.40%, 서비스업 3.67%인 반면, 고용 증가율은 제조업 −0.60%, 서비스업 2.39%이다. 〈표 7〉을 보면 산출액 면에서 최근 서비스업의 비중이 정체되어 있는 반면, 제조업의 비중이 조금씩 높아지고 있음을 알 수 있다.

2010년 국내 산출액 대비 제조업 비중이 50.2%로 확대되었는데, 제조업이 50%를 넘은 것은 1988년 이래 처음이다. 반면 서비스업은 39.3%에서 37.7%로 축소되었다. 이 같은 추세는 2011년에도 이어져 제조업 비중은 52.2%로 확대된 반면, 서비스업은 36.5%로 감소했다. 서비스산업이 GDP에서 차지하는 비중 역시 2008년 60.8%를 기록한 이후 2013년 57.3%로 다소 감소되었다.

〈표 7〉 산업별 국내산출액 추이

(단위: 조 원, %)

	2005		2008		2009		2010		2011	
	산출액	구성비	산출액	구성비	산출액	구성비	산출액	구성비	산출액	구성비
농림어업	42.9	2.1	47.9	1.7	51.0	1.8	52.9	1.7	53.8	1.6
광업	3.2	0.2	9.8	0.1	3.7	0.1	3.7	0.1	3.6	0.1
제조업	957.9	46.3	1,338.3	48.8	1,324.5	47.7	1,569.8	50.2	1790.5	52.2
서비스업	826.9	40.0	1,053.3	38.4	1,091.6	39.3	1,177.4	37.7	1251.3	36.5
기타	40.9	2.0	50.9	1.9	50.9	1.8	55.0	1.8	55.8	1.6
계	2,068.8	100.0	2,740.1	100.0	2,775.0	100.0	3,124.0	100.0	3431.8	100.0

한편 고용 측면에서는 서비스업의 비중이 늘고 제조업의 비중은 줄고 있다. 국제경쟁력이 확보된 제조업은 비교적 양호한 성장을 하고 있지만 고용창출에서는 거기에 상응하는 기여를 하지 못하고 있는 반면, 국제경쟁력이 열악한 서비스업은 고용은 증가하고 있지만 성장은 저조한 모습을 띠고 있다.

그림23　산업별 취업자 수 추이(만 명)

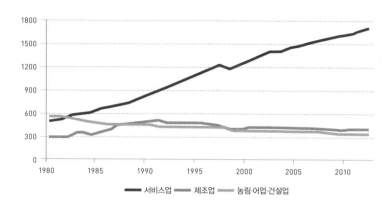

자료: 관계부처 합동, 「서비스산업 정책 추진방향 및 1단계 대책」, 2013년 7월 4일

〈표 8〉 산업별 취업자 수 추이(만 명)

	1980	1990	2000	2010	2012
서비스업	506	844	1,295	1,638	1,718
제조업	308	499	431	414	410
농림수산건설업	550	458	382	331	330

　2000~2010년 제조업에서는 15만 명의 고용이 증가하는 수준이었으나, 서비스산업에서는 337만 명의 추가적인 고용이 이루어졌다.

---

19 황수경, '우리나라 서비스업의 고용구조 특징과 문제점', 《월간 노동 리뷰》, 2011년 7월호.

그림24 산업별 취업자 구성비 추이(%)

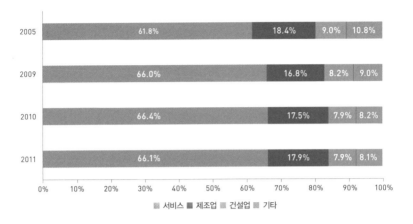

자료: 한국은행, 2011년 산업연관표

2000~2008년 기간 중 고용탄력성GDP elasticity of employment으로 살펴
본 고용창출 능력은 제조업이 −0.10, 서비스업이 0.66으로 나타났다.[19]

준비되지 않은 서비스화

생산 비중에 비해 고용 비중이 높다는 것은 그만큼 노동생산성이 낮
다는 것을 의미한다. 서비스산업의 노동생산성은 1993년 제조업 대비
102.7%였으나, 2010년에는 제조업의 46.8%까지 하락하였다. 제조업의
2001~2010년 취업자당 노동생산성 평균 증가율은 7.02%로 높은 반
면, 서비스업은 1.26%로 더디게 성장하였다. 산업통상자원부와 한국

생산성본부의 2013년 4월 발표에 의하면, 2010년 기준으로 한국의 제조업 노동생산성은 9만 7382달러로 비교 대상 OECD 19개 회원국 중 2위를 차지했으나, 서비스업은 4만 5602달러로 비교 대상 22개 회원국 중 20위에 머물렀다. 제조업은 미국 대비 노동생산성이 80.8%였고 일본과 비교해서는 118.3%로 오히려 높았으나, 서비스업은 미국의 48.8%, 일본의 66.7%로 매우 낮은 수준이었다. 제조업 대비 서비스업의 취업자당 노동생산성은 2010년 미국이 77.6%, 일본이 83.0%로 우리나라보다 매우 높은 수준이다.

 1인당 노동생산성(만 원)

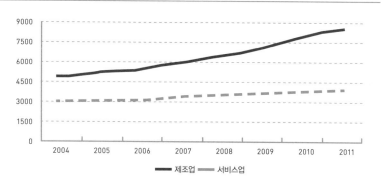

자료: 관계부처 합동, 「서비스산업 정책 추진방향 및 1단계 대책」, 2013년 7월 4일

이처럼 제조업과 비교해 노동생산성이 크게 떨어지고 급여수준도 낮은데(2010년 기준 서비스산업의 임금 수준은 제조업의 55%) 제조업 종사자 수가 줄고 서비스업 종사자 수가 느는 현상이 바로 탈공업화와 서비스화의 한국

<표 9> 1인당 노동생산성(만 원)

	2004	2008	2011
서비스업(A)	2,950	3,500	3,860
제조업(B)	4,930	6,470	8,510
제조업 대비 서비스업 비율(A/B)	0.60	0.54	0.45

적 특징이라 할 수 있다. 한국의 탈공업화가 중국의 급속한 추격 등으로 과도하게 조기에 이루어진 것이었듯이, 한국의 서비스화 역시 준비되지 않은 것이었다.

제조업 부문에서 선진국에의 캐치 업을 통해 국가경쟁력을 키워오던 한국 경제는 세계화의 진전으로 경쟁이 격화되자 생산자동화와 해외생산기지 구축을 통해 경쟁력을 유지·강화시키고자 하였다. 그 결과 국내 고용인원은 줄어들게 되었고 그 잉여인력들이 서비스업으로 몰려들었다. 1997년 외환위기 직후의 구조조정은 이러한 흐름의 결정적 확산이었다. 제조업의 국제경쟁력 강화를 위해 퇴출된 인력들이 음식·숙박과 도소매 등 영세자영업자로 변신하는, 즉 고부가가치 제조업에서 저부가가치 서비스업으로의 노동력 이동이 바로 서비스화의 한국적 특징인 것이다. 그러므로 서비스업의 취업자 증가는 '제조업의 밀어내기'가 낳은 '비자발적 취업 증가'이며, 서비스화의 과정에서 고부가가치화를 이룬 여타 선진국과 달리 노동생산성을 떨어뜨리고 근로소득을 낮췄다는 점에서 '빈곤적 고용증대'라 할 수 있다.

서비스업은 제조업과 비교해 노동투입에 대한 의존도가 높다. 또한 음식·숙박, 도소매와 같은 전통 서비스업의 경우 제조업만큼의 숙련도를 요구하지 않고 진입장벽도 낮기 때문에 제조업에서 퇴출된 인력들이 소규모 창업에 비교적 쉽게 나선다. 우리나라의 취업자 대비 비임금 근로자(자영업자) 비율(2011년 28%)은 아직도 여타 선진국(2011년 11개국 OECD 평균 13%)에서 찾아보기 어려울 정도로 높은 수준이다.

탈공업화 이후 더욱 강해진 제조업

한국은 독일·일본 등과 더불어 세계적인 제조업 강국이다. 탈공업화·서비스화로 고용에서 차지하는 비중은 크게 줄었지만, 대신 노동생산성이 증가해 GDP에서 차지하는 비중은 크게 감소하지 않고 있다.[20] 이는 한국 제조업의 국제경쟁력이 그만큼 강화되었다는 것을 의미한다. 그런 점에서 한국의 탈공업화와 서비스화는 고용 부문에 해당되는 것이지 생산과 고용 양면에서의 제조업 쇠퇴를 가져온 것은 아니다.

한국의 제조업은 탈공업화 과정에서 더욱 강해졌다. 제조업의 노동생산성은 또 다른 제조업 강국인 일본보다 앞선다. 그러나 서비스업의 생산성은 일본보다 크게 뒤진다. 제조업과 서비스업의 생산성 차이가 일본보다 훨씬 크다는 얘기다. 이 점에 탈공업화와 서비스화의 또 다른 한국적 특징이 있다. 한국은행이 발표한 '2010년 산업연관표'에 따르면

---

20 신관호, 앞의 책, 109쪽.

OECD 부가가치 상위 21개국 중 한국은 서비스업 비중이 꼴찌였으나, 제조업 비중은 1등이었다.

〈표 10〉 서비스산업 업종별 부가가치 추이와 비중 변화

(단위: 십억 원, %)

	2001	2006	2011	연평균 증가율	부가가치 비중 변화		
					2001	2006	2011
농림어업 및 광업	26,307	27,677	32,337	1.9	4.6	3.4	2.9
제조업	153,952	220,940	347,371	8.5	26.6	27.1	31.2
전기, 가스, 수도사업	15,258	18,547	21,835	3.6	2.6	2.3	2.0
건설업	41,376	61,359	65,445	4.7	7.1	7.5	5.9
서비스산업	341,811	486,163	647,739	6.6	59	59.7	58.1
총부가가치(기초가격)	573,303	814,686	1,114,726	6.8	100.0	100.0	100.0

노동생산성은 한 산업(업종)에서 창출된 부가가치 총액을 근로자 수로 나눈 수치다. 이 수치를 높이려면 기술혁신 등으로 분자인 부가가치를 늘리든가 인원감축으로 분모를 줄이든가 해야 한다. 한국의 제조업은 이 양자를 적절히 혼합·활용하여 노동생산성을 높여왔고, 그 결과 국제경쟁력을 향상시켰다. 요컨대 한국 제조업의 국제경쟁력 강화와 고용감소는 동전의 앞과 뒤인 셈이다.

디커플링
경제의 출현

원하는 것은 무엇이든 얻을 수 있고

뜻하는 것은 무엇이든 될 수가 있어

이렇게 우린 은혜로운 이 땅을 위해

이렇게 우린 이 강산을 노래 부르네.

88 서울올림픽 때 한창 유행했던 가수 정수라의 노래 〈아! 대한민국〉
의 일부다. 그랬었다. 386세대는 신군부의 군홧발에 맞서 온몸으로 저
항했고 수도 없이 끌려갔지만, 취직만큼은 잘 됐다. 단군 이래 최대 호
황이라는 1980년대 중반의 3저(저유가, 저달러, 저금리)호황 덕에 일자리는
넘쳐났다. 기업들은 1981년 졸업정원제 시행으로 두 배 이상 늘어난 대

학정원을 남김없이 수용했다. 데모하느라, 연애하고 노느라 학점이 엉망이었어도 졸업장만 있으면 웬만한 대기업에 들어갈 수 있었다. 그런 점에서 386은 혜택받은 세대였다. 억압적 권위주의 체제에 맞서 치열하게 투쟁하면서도 경제성장의 파이 나누기에서 소외되지 않았다.

그러나 그런 호시절은 완전히 끝났다. 지금의 청년세대들에게는 호랑이 담배 피우던 시절의 얘기로 들린다. 대학 입시를 준비하던 때보다 더 스트레스 받으며 더 열심히 공부하는데도 원하는 대기업이나 공기업에 취업하지 못하는 대학 졸업생이 부지기수다. 낙수 효과의 실종으로 고용 없는 성장이 구조화되면서 나타난 현상이다. 이들의 대다수는 1997년 외환위기 당시 유소년 시절을 보내며 부모세대의 명예퇴직과 경제적 몰락 등을 체험한 'IMF 에코세대'다. 시대를 잘못 타고 태어난 죄(?)가 이토록 큰 것이다. 그런 점에서 3저호황의 단맛을 본 386세대는 4저불황의 쓴맛을 보고 있는 IMF 에코세대에게 미안한 마음을 가져야 한다.

386세대와 IMF 에코세대를 비교한 이유는 세대갈등을 부추기고자 함이 아니다. 성장에서 분배에 이르는 메커니즘이 변질되었음을 강조하기 위해서다. 한강의 기적을 이끈 불균형 성장 전략은 출발과정에서의 불균형을 최대한 보정補正한 결과를 낳았기에 지속가능했다. 민주화 세력의 집요하고도 끈질긴 저항에도 불구하고 권위주의 체제가 장기간 유지된 것은 비단 억압적 철권통치 때문만은 아니었다. 성장의 과실을 공유할 수 있는 포용적Inclusive 경제 발전에 대한 국민적 지지가 있었기에 가능한 일이었다. 한국은 경제개발 초기에는 소득분배가 악화된다는, 남미국가들을 주요 분석대상으로 삼은 '쿠즈넷(Simon Kuznets, 1971년 노벨경제학상 수상자) 가설'이 들어맞지 않는 예외적 케이스였다. 그런 점에서 불균형 성장 전략은 '시작의 불균형'이었지 '결과의 불균형'은 아니었다.

그러나 때 이른 탈공업화와 준비되지 않은 서비스화 그리고 세계화의 급속한 진전에 따른 낙수 효과의 소멸로 불균형 성장 전략은 '시작과 결과 모두의 불균형'으로 변질되었다. 수출-제조-대기업이 잘나가는 것은 여전히 중요하지만, 그렇다고 해서 다른 분야도 동반상승하지는 않는다. 경제의 각 주체와 요소들이 따로 움직이는 탈동조화 현상이 일반화되고 있다. 이를 '디커플링 경제Decoupling Economy'의 출현이라 칭하기로 하자.

양극화보다 심각한 현상이 디커플링

디커플링은 일반적으로 한 나라의 경제가 세계경기 또는 여타 국가와 같은 흐름을 보이지 않고 탈동조화하는 현상을 일컫는다. 예컨대 세계증시는 올라가는데 한국증시만 내려간다면, 한국증시의 디커플링이다. 그런데 디커플링은 반드시 국제 비교에만 적용되는 개념은 아니다. 국가경제 내의 각 요소들 간의 관계에도 적용된다. 예를 들어 주가가 상승하면 원화 가치가 상승하고, 반대로 주가가 하락하면 원화 가치가 하락하는 것이 일반적인데, 주가가 하락하는데도 원화 가치가 상승한다면 이는 주가와 환율의 디커플링이다. 수출이 늘면 소비가 증가하는 것이 일반적인데, 그 반대라면 이 역시 디커플링이다.

양극화Bipolarization가 전 세계적 문제로 대두된 지는 이미 오래되었다. 좌우를 넘어 모두 심각한 문제로 인식하고 해결에 몰두하고 있지만 좀처럼 개선의 기미를 보이지 않고 있다. OECD는 2012년 말 "회원국의 빈부격차가 30년 만에 가장 많이 벌어졌다"고 집계했다. 한국은 그 속도가 유독 빠르다. 2010년 기준 한국의 근로소득 격차는 상위 10%의 근로소득액이 하위 10%의 5.23배로 OECD 회원국 가운데 2위로 나타났다. 소득 격차 1위인 멕시코(5.71배) 다음이었으며 소득 격차가 심한 편인 미국·포르투갈·영국보다 컸다. 이 통계 말고도 한국의 소득 및 빈부격차 확대는 국세청과 통계청의 각종 지표를 통해 확인된다.

세계화와 기술혁신으로 인한 양극화의 진행은 전 세계적 현상이다. 무한경쟁의 세계화는 국내적 차원의 강자와 약자를 세계적 차원의 강자와 약자로 확대 재편함으로써 그 격차를 키운다. 세계화와 양극화는 동전의 앞과 뒤인 셈이다.

그런데 양극화보다 더 심각하게 인식해야 할 것이 디커플링이다. 양극화는 격차 확대의 메커니즘이지만, 디커플링은 아예 방향이 어긋나는 메커니즘이다. 부자와 빈자의 소득이 모두 느는데 부자의 증가속도가 빈자보다 빠르면 양극화가 진행된다. 그러나 디커플링의 경우 부자의 소득은 느는데 반해 빈자의 소득은 줄어든다. 기업경제는 해 뜨는 동쪽으로 가는데 가계경제는 해 지는 서쪽으로 간다. 수출은 따뜻한

남쪽으로 가지만 소비는 차디찬 북쪽으로 간다.

기업과 가계의 디커플링

기업이 살아야 일자리가 늘어납니다.

IBK 기업은행 홍보대사 송해 선생의 광고 멘트다. 맞는 말이다. 정부
나 비영리단체도 일자리를 만들 수는 있지만, 일자리의 대부분은 기업
이 만든다. 그러니 일자리가 늘어나려면 기업이 잘 돼야 한다. 그런데
당연하게 느껴지던 이 말에 언제부턴가 개운치 않은 뒷맛이 생겨났다.
그것은 과연 기업이 잘되는 만큼 일자리가 늘어나는가 하는 소박한 의
문이다.

서구에 비해 개인주의적 성향이 약하고 공동체주의의 기풍이 강한
한국인들은 압축 성장의 시대에 가정보다 직장을 중시했다. 새벽에 잠
들어 있는 아이의 얼굴을 보고 출근하여 야밤에 귀가해 잠든 아이의
얼굴을 보는 모습은 개발연대 아버지들의 일반적인 풍경화였다. "아빠
는 하숙생"이란 말도 이 시절 나왔다. 일본을 벤치마킹한 연공서열과
종신고용은 이 땅의 가장들을 직장에 올인all in하게 만드는 제도적 장
치였다. 대다수의 순박한 가장들은 '회사의 발전이 곧 우리 가족의 행
복'이라는 운명공동체적 의식을 갖게 되었다.

그러나 1997년 외환위기 이후 휘몰아친 구조조정의 칼바람은 이러

한 풍조에 근본적 의문을 갖게 만들었다. 삼팔선(38세에 퇴직), 사오정(45세가 정년), 오륙도(56세까지 직장 다니면 도둑놈) 등의 풍자어는 세태변화를 상징한다. 회사와 직원, 기업과 가계의 관계가 바뀌기 시작한 것이다.

가계는 기업과 함께 거시경제의 주요 구성 주체다. 예를 들어 재무적으로 건전한 가계는 금융안정을 뒷받침한다. 금융기관으로부터 빌린 돈을 연체 없이 갚아야 금융기관의 자산건전성이 양호한 수준으로 유지된다. 건강한 가계는 소득증가에 맞춰 소비를 늘려 기업의 매출을 신장시킨다. 수익이 증대된 기업은 고용을 늘리거나 임금을 인상한다.

그러나 이러한 선순환의 상호의존, 가계와 기업의 윈윈 관계는 희미해졌다. 물가상승을 감안한 실질임금은 2007년 이후 5년째 제자리걸음을 하고 있다. 2007년을 100으로 봤을 때 2012년이 100.6이다. 노동생산성이 109.6%로 상승하고 매출액 대비 임금 비중이 하락해 기업의 수익성이 개선되었는데도 실질임금은 꿈쩍 않고 있다. 이른바 '임금 없는 성장Wageless Growth'이라는 새로운 경제현실의 출현이다.

GDP에서 차지하는 가계소득 비중은 2000년 69%에서 2012년 62%로 하락한 반면, 기업소득은 같은 기간 17%에서 23%로 증가하였다. 가계소득 비중의 하락은 OECD 24개국 중 18개국에서 관찰된 현상인데 한국의 하락속도는 헝가리·폴란드에 이어 세 번째로 빨랐다.

가계와 기업의 디커플링 현상은 저축률 추이를 통해서도 확인된다. 1990년대 말까지도 20%를 상회하여 세계 최고 수준이었던 가계저축률은 3%대로 급락하여 OECD 최저 수준이 되었다. 반면 2003~2007년 평

그림26 경제주체별 저축률 추이

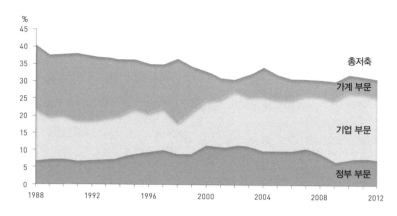

자료: 한국은행, 맥킨지, 「2012년 한국보고서」

균 15.5%였던 기업저축률은 2009~2012년 평균 19.0%로 상승하였다. 2006년 OECD 25개국 중 12위였던 것이 2008년 7위를 거쳐 2010년 에는 일본(22.0%)에 이어 2위를 기록했다.

투자 대신 저축에만 열중하는 기업의 과잉저축은 한국 경제의 새로 운 위기요인이 되고 있다. 2013년 4월 28일의 금융감독원 전자공시 시 스템에 따르면, 유가증권시장의 10대 그룹 소속 12월 결산법인 69개 사 의 2012년도 유보율(잉여금을 자본금으로 나눈 비율)은 1441.7%로 집계되었다. 자본금의 14배가 넘는 돈을 투자하지 않고 곳간에 쌓아놓고 있는 것이 다. 2008년 말(923.9%)보다 무려 517.8%포인트나 증가한 것으로 사상 최 고 수준이다. 자본금은 28조 1100억 원으로 2008년 말 당시 10대 재 벌그룹 상장계열사 자본금(25조 4960억 원)보다 10.3% 늘어나는 데 그쳤지만, 잉여금은 235조 5589억 원에서 405조 2484억 원으로 72.0% 급증했다. 전체 상장기업 기준으로 보더라도 유보율은 2008년 712.9%에서 2012년 892.6%로 179.7%포인트나 높아졌다.

기업의 재무구조가 탄탄해진 것은 다른 데이터를 통해서도 확인된다. 기업 분석 전문업체 한국CXO연구소가 국내 상장기업의 부채비율 변동 현황을 분석한 자료에 따르면, 1997년 국내 상장기업 전체의 평균 부채비율은 451.2%에 달했지만 2012년에는 145%로 개선되었다. 15년 만에 3분의 1로 줄어든 것이다. 부채비율이 400% 이상 되는 고위험 기업군도 1997년 32.3%에서 2012년 5.3%로 대폭 낮아졌다.

반면 가계 부채는 폭증하고 있다. 가계 부채는 은행·보험 등 금융기관 가계대출과 신용카드사 할부금융 등을 통한 외상구매를 합친 것이다. 2002년 말 465조 원이었던 것이 2013년 말 1012조 원으로 눈덩이처럼 불어났다. 저금리와 부동산 시장 과열로 주택담보대출이 크게 늘어난 것이 주원인이었다. 1999~2012년 가계 부채 증가율은 무려 연평균 11.7%에 달한다. 약 60%의 가구가 빚을 지고 있고, 국민 1인당으로 따지면 2000만 원 정도다.

기획재정부가 2013년 10월 국회에 제출한 국정감사 자료에 의하면, GDP 대비 가계 부채 비중은 2004년 70.5%→2009년 87.1%→2011년 89.5%→2012년 91.1%로 상승하였다. GDP 대비 가계 부채 비중은 OECD 국가 중 중간 수준이어서 이것 자체가 큰 문제라고 하기는 어렵다. 문제는 추이다. 글로벌 금융위기 이후 주요 선진국들은 가계 부채를 줄이는 디레버리징Deleveraging을 본격화했다. 미국은 GDP 대비 가계 부채 비중을 2007년 102.2%에서 2011년 89.5%로 줄였다. 영국과 독일도 줄었다. 일본은 2009년 82.0%에서 2011년 82.1%로 현상유지를 했다. 한국만 높아진 것이다.

가계의 채무 상환 능력을 나타내는 가처분 소득 대비 가계 부채비율 역시 마찬가지다. 미국이 2007년 145.7%에서 2011년 119.6%로 낮추고, 일본도 같은 기간 133.8%에서 131.6%로 낮추었는데, 한국만 2007년 145.7%에서 2012년 163.8%로 오름세를 나타냈다. 소득 증가율보다 부채 증가율이 높아서 생긴 결과다.

자금조달에서도 기업과 가계는 현격한 차이를 드러내고 있다. 2013년 10월 4일 한국은행이 국회 기획재정위원회에 제출한 「통화신용정책보고서」에 따르면, 2013년 상반기 기업의 자금조달 규모는 36조 5000억 원으로 전년 동기(28조 8000억 원)에 비해 크게 늘었다. 은행금리와 회사채 금리의 가중 평균치인 자금조달비용은 4.34%로 역대 최저치를 기록했다. 기업 대출 연체율은 2010년 1.7%, 2011년 1.6%보다 낮은 1.4%에 그쳤다.

이와는 달리 가계 부문은 극심한 재정적 고통을 겪고 있다. 대법원에 따르면 2013년 11월 말까지 전국 법원이 개인회생(법원이 파탄에 직면한 개인 채무자의 채무를 재조정해 파산으로부터 구해주는 제도) 신청을 접수한 건수는 9만 6412건에 달했다. 2005년 4만 8541건이었던 것이 10년도 안 돼 두 배 이상 늘어난 것이다. 국내 은행의 가계대출 연체율은 2013년 9월 말

0.85%에서 11월 말 0.87%로 상승세이고, 신용카드 연체율도 높아지고 있다.

더욱 심각한 것은 은행에서 대출받기 어려운 신용등급이 낮은 사람들이 금리가 높은 제2 금융권을 이용하는 사례가 급증하고 있다는 점이다. 2013년 은행 대출은 481조 1000억 원이었는데 제2 금융권 대출이 481조 9000억 원으로 처음으로 제2 금융권 대출이 은행 대출을 앞질렀다. 2010년 말의 362조 2000억 원과 비교하면 3년 사이에 무려 120조 원 가까이 증가했다. 저축은행의 신용대출 연체율은 2010년 말 10.6%에서 2013년 9월 말 15.9%로 상승했다. 주택 같은 담보 없이 대출을 받는 케이스도 대폭 늘고 있다. 담보가 없으면 그만큼 금리가 높다. 2013년 금융권의 주택담보대출은 전년 대비 1조 7000억 원 늘어났지만, 무담보대출은 5조 3000억 원이나 급증했다. 가계 부채의 양도 늘어나지만 질도 나빠지고 있는 것이다.

국민 생활수준의 하락은 이미 일본에서도 나타난 현상이다. 잘 나가던 시절 일본은 '일본주식회사'라 불리었다. 1972년 미국 상무부는 종합보고서에서 일본 정부와 산업계의 관계를 빗대어 일본주식회사라고 표현하였다. 정부 주도의 경제성장, 정부와 산업계의 밀착 등 일본주식회사에는 자유시장경제의 원칙에 반하는 것 투성이었다. 그러나 일본은 승승장구했다. 미국의 일본주식회사라는 비아냥은 결국 "Japan as Number One"이란 찬사로 바뀌었다.

일본주식회사는 자신의 종업원들에게 과실을 골고루 나눠주었다. 버블이 붕괴되기 전인 1980년대 말까지 일본 국민의 90%는 자신이 중산층에 속한다고 생각했다. 이른바 '1억 총중류總中流사회'의 출현이다. 1980년대 중국의 고위관료가 일본을 둘러본 후 "이곳이 진짜 사회주의구나"라고 했다는 일화는 유명하다.

그러나 잃어버린 20년은 1억 총중류를 해체시켰다. 사회구성원은 승자조와 패자조로 나뉘었고, 총중류사회는 격차사회로 변질되었다. 연공서열과 종신고용은 점차 사라지고 파견직·파트타임이 급증했다. 중류의 하류화下流化 현상이 심화된 것이다. 통상 일본에서는 연 소득이 300만 엔 미만이면 하류계층으로 분류되는데, 일본 국세청에 의하면 1997년 32%였던 하류계층은 2008년 40%로 급증하였다. PC방·사우나·고시원 등에서 숙식을 해결하는 '네트워크 난민'이 등장했고, 열심히 일해도 빈곤탈출을 못하는 워킹푸어는 2006년에 이미 1000만 명을 넘어섰다. 최소한의 생활Minimum Life과 생활 규모 줄이기Downsizing Life 등의 용어가 유행하기 시작했다. 1억 총중류사회는 해체되었다. 일본은 더 이상 노사가 동반성장하는 주식회사가 아니다.

수출과 소비의 디커플링

IMF 환란換亂은 한국전쟁 이래 최대의 국난이었다. 1986~1989년의 4년간 3저호황으로 건국 이래 최초로 경상수지 흑자를 기록했지만 그

것으로 끝이었다. 1990년부터 다시 적자로 돌아서 1993년 29억 달러의 소폭 흑자를 낸 것을 제외하고는 1997년까지 늘 적자였다. 외환위기는 한국이 만성적인 경상수지 적자국가였기에 피하기 힘든 고난이었다. 한 푼의 달러가 아쉬워 전 국민이 장롱 속에 고이 간직해오던 금붙이를 들고 나왔다. 우리 국민은 용케도 위기를 잘 극복해냈다. 그러나 외환 부족에 대한 경계와 우려는 일종의 공포증phobia으로 자리 잡았다. 2008년 금융위기 직후 정부가 위기 대응책으로 미국·일본 등과의 통화스왑 체결을 서둘렀던 것도 이 공포증과 무관하지 않다. 당국이 시장개입을 통해 고환율정책을 유지했던 것도 경상수지 흑자를 유지하기 위함이었다.

2013년 9월 미국 중앙은행인 연방준비제도의 양적완화 축소 움직임이 예상되자, 한국은 또다시 긴장하였다. 국내에 들어와 있던 외국인 자금이 썰물처럼 빠져나가고 증시가 급락하지 않을까 하는 우려였다. 실제 인도·인도네시아·브라질·터키·남아공 등에서는 이런 현상이 발생했다. 그러나 한국은 정반대였다. 외국인 자금은 빠져나가기는커녕 더 들어왔다. 미국의 돈 풀기 축소 논란이 불거진 2013년 6월 이후 외국인 자금 동향 자료가 공개되는 8개 신흥국(한국, 대만, 인도, 인도네시아, 태국, 베트남, 필리핀, 브라질) 가운데 한국에 가장 많은 16억 달러의 외국인 자금이 순유입된 것이다. 새로 유입된 외국인 자금은 주식과 채권을 대량매입해 바이 코리아Buy Korea 행진을 펼쳤다. 외환위기 때와 비교해보면 격세지감隔世之感이라 하지 않을 수 없다. 《조선일보》는 2013년 8월 23일

'경제위기마다 흔들리던 한국, 이번엔 다르다'는 1면 헤드라인 기사에서 한국 경제의 체력과 체급이 달라졌다고 평했다. 한국이 신흥국 자금이탈의 최대 수혜자가 될 수 있다고도 했다.

이렇듯 한국이 여타 신흥국과 차별화될 수 있었던 핵심 원인은 무엇이었을까? 바로 상당 기간 지속된 경상수지 흑자였다. 1997년 달러부족이 얼마나 큰 재앙을 가져올 수 있는지 쓰라린 경험을 한 이후 한국의 경상수지는 만성적인 적자에서 벗어나 흑자기조로 돌아섰다. 외환위기 다음 해인 1998년부터 2013년까지 한 해도 거르지 않고 16년째 연속 흑자를 기록했다. 2013년에는 707억 3000만 달러의 흑자를 기록해 사상 최초로 경상수지 흑자대국이었던 일본을 추월하는 기염을 토했다. GDP 대비 경상수지 흑자 비중은 1997년 −0.15%에서 2008년 0.3%, 2013년 2.7%로 늘어났다.

경상수지의 가장 큰 구성요소인 무역수지는 1998년부터 2008년한 해를 제외하고는 연속 흑자를 기록했다. 2013년 10월의 수출액은 505억 달러로 최초로 월 500억 달러를 돌파했다. 1964년 한 해 수출액이 1억 달러에 불과했던 한국이 이제 한 달에만 500억 달러의 수출을 하는 수출대국이 된 것이다. 2000~2012년 연평균 수출 증가율은 11.7%에 달한다. 경상수지의 지속적 흑자는 외환 보유고를 빠른 속도로 늘렸다. 2008년 말 2396억 달러에서 2013년 9월 말 기준 3369억 달러로 역대 최대치를 갱신했다. 단기외채 비중도 2008년 52%에서 2013년 29%로 줄어들었다.

2013년은 한국 무역사史에 있어 신기원을 이룩한 해였다. 3년 연속 무역규모 1조 달러 돌파, 사상 최대 규모의 수출(5597억 달러)과 무역수지 흑자(442억 달러)라는 트리플 크라운을 달성했다. 그뿐만 아니다. 일본을 제치고 최초로 대중국 수출 1위 국가로 부상하였고, 경상수지 흑자규모는 처음으로 일본을 앞질렀다.

수출이 늘면 기업 실적이 개선돼 고용과 가계소득이 증가하고 소비가 늘어났던 것이 우리에게 익숙한 풍경이었다. 그러나 낙수 효과의 실종으로 수출과 소비의 선순환 구조는 더 이상 작동하지 않는다. 트리플 크라운 달성에서 확인되듯이 수출이 우리 경제에서 차지하는 비중과 성장 기여도는 갈수록 커지고 있다. 그러나 고용유발효과가 낮은 수출의 성장 기여도가 높아진다는 것은 고용 없는 성장이 심화된다는 것을 의미한다. 고용 부진도 문제지만, 소득증가도 부진을 면치 못하고 있다. 우리나라 근로자들의 실질임금 상승률은 전년 대비 2008년

그림27 취약해지는 내수

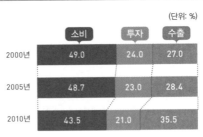

주: 국내 최종 수요 중에서 차지하는 비중

−8.9%, 2009년 −0.2%, 2010년 3.8%, 2011년 −3.0%, 2012년 3.1%로 최근 5년 새 오히려 쪼그라들었다.

수출은 잘 나가는데 왜 고용 상황과 임금 수준은 개선되지 않고 오히려 후퇴하는 현상까지 나타나는가? 국경의 문턱이 낮아지는 세계화는 경쟁의 규모, 즉 판을 키운다. 경쟁은 그만큼 치열해진다. 한 예로 반도체의 경우 문자 그대로 피 튀기는 전쟁이다. 적당히 나눠 갖는 타협은 없다. 가격경쟁의 격화에 따른 대량생산은 불가피한 선택이다. 여기서 이기기 위해 필요한 것이 비용절감과 노동생산성 향상이다. 기술혁신을 통한 공장자동화와 생산기지 해외 이전은 필수 코스가 된다.

탈공업화 초기에는 중국의 급부상에 대한 대응으로 노동집약적 업종의 저임금을 노린 해외진출이 많았으나, 최근에는 물류비용 절감, 현지 호감도 제고 등 복합적 이유에서 최첨단 부문의 생산기지 해외이전이 활성화되고 있다. 2012년 한국 제조업의 해외 직접투자는 73억 8400만 달러로 10년 전(18억 5300만 달러)에 비해 세 배 이상 급증했다.

자동화와 생산기지 해외 이전은 고용축소로 귀결된다. 그리고 이는 다시 소비 위축으로 연결된다. GDP에서 민간소비가 차지하는 비중은 2000년 56%에서 2012년 51%로 하락하였다. 특히 최근 몇 년 사이의 하락세가 두드러진다. 2012년 3분기의 소득 대비 소비지출 비율은 59.6%로 관련 통계가 나온 2003년 이래 처음으로 60% 밑으로 주저앉았다. 글로벌 금융위기의 한파가 닥친 2008년 4분기에도 이 수치는 61.2%였다. 통계청에 따르면 2012년 3분기부터 2013년 3분기까지 실질소득증가율은 전년 동기 대비 각각 4.6%, 3.6%, 0.3%, 1.3%, 1.6%였으나, 실질소비증가율은 각각 −0.7%, −0.3%, −2.4%, −0.4%, −0.1%였다. 실질소득이 완만하게나마 증가하는데 실질소비는 5분기 연속 감소한 것이다.

"돌고 도는 게 돈"이라 했다. "지구가 도니 돈도 돈다"고 했다. 수출입국輸出立國이란 말에 고개를 끄덕이던 시절에는 이 말이 맞았다. 수출로 번 돈이 가계로 흘러들어왔다. 그런데 이제 돈이 제대로 돌지 않는다. 수출은 따뜻한 남녘으로 가는데, 소비는 시베리아 벌판으로 향하고 있다. 디커플링 경제가 만들어낸 새로운 현실이다.

그래도 수출만이 살 길이다?
엔저공습론 유감

이제까지 서술했듯이 수출-제조-대기업 우선의 불균형 성장 전략은 낙수 효과의 소멸로 한계에 봉착했다. 고용 없는 성장은 구조화되었고, 초고속·압축 고령화와 근로정신의 퇴화로 한국 경제는 성숙 단계를 조기 졸업하고 조로하고 있다. 설상가상으로 가계경제와 기업경제, 수출과 소비는 디커플링하고 있다.

무엇이 올바른 대응인가? 불균형 성장 전략의 종언이 곧 수출 제조업의 중요성과 효용성이 소멸되었음을 의미하는 것은 결코 아니다. 그것은 여전히 중요하며 우리 경제의 향후 발전에 있어 필수불가결의 요소다. 다만 자원을 수출-제조-대기업에 우선적으로 배분하는 국가정책은 바뀌어야 한다. 침체된 내수와 경쟁력이 낙후된 서비스산업을 어떻게 살릴 것인가에 국가정책의 초점을 맞추어야 한다. 그래야 수출은 늘어나는데 소비는 냉각되는 현상을 치유할 수 있다. 일본화의 초기단계에 들어선 한국 경제의 퇴조 흐름을 끊어내고 재상승의 전기를 마련할 수 있다.

그런데 안타깝게도 우리 사회의 논의는 우왕좌왕하고 있다. 일본식 장기불황을 걱정하면서도 수출이 잘 돼야 한다며 엔저공습을 경계하는 논리를 펴기도 하고, 고용 없는 성장의 심각성을 지적하다가도 결국 수출이 탈출구라는 처방을 제시하기도 한다. 한국 경제의 문제점에 대한 정확한 인식 없이 일관성이 결여된 논리가 전개되고 있는 것이다. 이는 지난 반세기에 걸쳐 형성된 수출 우선주의의 뿌리가 여전히 깊다는 것을 보여준다. 새롭게 나타난 현상에 대한 새로운 관점에서의 진지한 고민과 성찰이 어느 순간 전통적인 수출 우선주의로 뒤죽박죽이 되는 사례를 내가 애독하는 한국의 대표 신문들을 통해 살펴보도록 하자.

냄비 속 개구리와 공중습격

2013년 4월 세계적 컨설팅 업체인 맥킨지가 발간한 「제2차 한국 보고서, 신성장공식」이 세간의 화제가 되었다. 보고서는 제조업 중심의 수출주도 및 국가주도 자본주의의 성장공식이 더 이상 일반 한국인들에게 풍요로운 삶을 제공하지 못하고 있다며, 서비스 부문의 역량 개선

및 생산성 향상과 그에 기초한 고부가가치 고용창출에 국가 경제정책의 핵심 목표를 두어야 한다고 주문하였다. 많은 언론이 주요 기사로 이 보고서를 다루었다. 특히 보고서의 저자이자 맥킨지 글로벌 인스티튜트 소장인 리처드 돕스는 한국 경제를 서서히 끓는 냄비 속에서 큰 고통을 느끼지 못하고 죽음을 맞이하는 개구리로 비유하여 큰 반향을 불러일으켰다.

국내 최대 발간부수를 자랑하는 《조선일보》는 이러한 문제제기를 적극 수용하여 '냄비 속 개구리 한국 경제' 시리즈를 6회에 걸쳐 연재하였다. 시리즈에서는 여러 가지 의미 있는 문제제기가 이루어졌다. 그런데 기존의 사고로부터 해방되어 한국 경제의 새로운 발전경로를 모색해야할 이 중요한 시리즈에 엉뚱하게도 수출 걱정이 끼어들었다. '100엔 시대, 엔저低의 공습… 궁지에 몰린 한국 기업들'이라는 제목의 두 번째 연재물은 2개 면을 수출을 걱정하는 기사들로 채웠다. 아베노믹스로 일본 기업들은 엔저라는 날개를 달고 활력을 되찾고 있는 반면, 한국 기업들은 엔저 공습으로 가격 경쟁력이 떨어져 수출시장에서 어려움을 겪고 있다는 요지였다.

2013년 초 윤전기를 돌려서라도 돈을 찍어내겠다는 아베의 양적완화 의지 천명으로 한국의 정책 당국은 긴장했다. 경제정책의 양대 수장인 현오석 기획재정부 장관과 김중수 한국은행 총재는 수차례에 걸쳐 엔저에 대한 우려를 표명했다.

4월 워싱턴에서 열린 G20 재무장관 중앙은행 총재 연석회의에서 두 사람의 미션은 엔저 저지였다. 따라서 《조선일보》가 이 문제에 관심을 둔 것은 너무도 당연하다.

문제는 냄비 속 개구리와 공습이라는 두 표현이 전혀 어울리지 않는다는 점이다. 서서히 끓는 냄비 속에서 자각증세를 느끼지 못한 채 안락사하는 개구리와 갑작스런 공중폭격을 의미하는 공습空襲은 동시에 발생할 수 있는 현상이 아니다. 공습경보가 울리면 사람들은 화들짝 놀라 재빨리 지하벙커 등으로 대피한다. 무슨 일이 일어났는지도 모른 채 안락사를 맞이하는 개구리와는 달라도 한참 다르다.

한국 경제를 냄비 속 개구리로 비유한 것은 자각증세가 약하다는 것을 강조하기 위해서였다. 수출-제조-대기업 우선의 불균형 성장 전략이 수명을 다했음을 인지하지 못한 채 기존의 성장 패러다임에 집착함으로써 새롭게 조성된 상황을 타개하지 못하고 서서히 가라앉고 있는 현실에 대해 주의를 환기시키고자 했던 것이다. 맥킨지 보고서의 관련 부분을 옮겨본다.

지난 10년간 한국 제조업 대기업들은 연간 9% 이상의 생산성 신장을 기록하였으며, 이를 통해 글로벌 시장을 선도하는 강자로 자리매김하였다. 또한 한때 기업 순 가치의 약 300%에 육박하던 부채비율 역시 110% 수준으로 떨어지며 안정화되었다. 그러나 대기업들의 생산성이 향상되고 세계시장 진출이 확대되면서 대기업들의 국내 고용은 축소되기 시작했다. 급속한 해외사업 확장에도 불구하고 대기업들이 국내 고용창출에서 차지하는 비중은 18%에서 1/3 하락한 12% 수준에 불과하다. …(중략)…

한국은 '한강의 기적'을 이룩했던 수출주도의 산업화 당시 주목받지 못했던 부문들을 돌아보고 이들을 활성화하는 데 주력해야 한다. 특히 내수 및 고용창출 측면에서 크게 기여함에도 불구하고, 일관되고 실효성 있는 정부정책의 혜택에서 그간 소외되어왔던 비교역재 부문에 주목할 필요가 있다.

맥킨지 보고서에는 수출이 부진하여 한국 경제의 앞날이 걱정된다는 얘기가 전혀 없다. 엔저와 같은 급작스런 외부충격에 대한 우려와는 번지수를 달리한다.

무역의 트리플 크라운을 어떻게 보아야 하나

흥미로운 것은 그 이후 나타난 결과다. 한국은 2013년 사상 최대의 수출과 경상수지 흑자, 일본을 제치고 대중국 수출 1위 등극, 사상 최초로 경상수지 흑자 규모 일본 추월이라는 기염을 토하며 무역사의 금자탑을 쌓았다. 도대체 어떻게 된 것일까?

이 대목에서 우리 모두는 냉정해져야 한다. 원-엔 환율은 독자적으로 움직이는 것이 아니라 원-달러 및 엔-달러 환율에 연동되어 움직인다. 달러에 대한 환율이 중요하다는 얘기다. 이는 엔저에 직접 대응할 수 있는 정책수단이 별로 없다는 것을 의미한다. 아베의 양적완화 정책으로 엔-달러 환율은 2013년 1월 89엔에서 12월 103엔으로 엔저를 기록했다. 반면 2013년 말의 원-달러 환율은 1055.4원으로 전년 말(1070.6원) 대비 15.2원 하락해 원화절상률이 1.4%였다. 이 두 개의 결과가 반영되어 100엔당 원화 환율은 2013년 말 1002.1원으로 2012년 말(1238.3원) 대비 23.6%나 절상되었다. 일본과의 수출경쟁에서 가격 경쟁력이 그만큼 훼손된 것이다.

그럼에도 불구하고 수출은 2012년의 5479억 달러보다 2.2% 증가한 5597억 달러로 사상 최대치를 기록했고 무역수지 흑자 또한 442억 달러로 역대 최대치였던 2010년의 412억 달러를 훌쩍 넘어섰다. 가장 타격을 많이 입을 것이라고 얘기되던 자동차업계의 경우, 현대자동차의 2013년 매출은 87조 3076억 원으로 전년 대비 3.4% 증가했다. 특히 국내 판매가 64만 698대로 전년보다 4% 감소한 반면, 해외 판매는 409만 1668대로 전년 대비 9.3%나 늘었다. 그토록 염려한 엔저 공습으로 인한 타격은 어디로 간 것일까? 하느님이 보우하사 바람과 함께 사라진 것일까, 아니면 엔저공습을 경계한 정책 당국의 기도발이 먹혀든 것일까?

엔화 대비 원화 가치가 올라가면 우리 상품의 가격 경쟁력이 떨어져 수출전선에 먹구름이 낀다는 것은 한국 사회의 오래된 논리였다. 다른 사안을 놓고는 한 치의 양보도 없는 진영 전쟁을 치루지만, 이 문제만큼은 좌우를 초월해 만장일치 구도를 유지해왔다. 그러나 이는 통계로 전혀 입증되지 않은 선입견에 불과하다.

엔저에도 늘어나는 수출

지난 반세기 동안 원-엔 환율은 원-달러 환율이 그랬던 것처럼 지속적인 상승 추세를 보여왔다. 안 믿기겠지만 1970년 서울외환시장 종가기준 환율은 '100엔=88.5원'이었다. 그러던 것이 2012년 평균 환율 '100엔=1413원'으로 역대 최고치를 기록했다. 이 기간 한국의 수출이 비약적으로 성장해왔음은 주지의 사실이다. 요컨대 원-엔 환율이 올라가는 속에서 한국의 수출은 증대되어왔던 것이다.

그러나 엔화 대비 원화가 절상되는 예외적인 해들도 있었다. 1995년 원-엔 평균 환율은 100엔당 824원이었는데 1996년 739원으로 내려갔다. 그렇다면 수출은 어떻게 되었을까? 1250억 달러에서 1297억 달러로 오히려 늘어났다. 2001년 100엔당 1062원 하던 환율은 이듬해 999원으로 떨어졌다. 그런데 수출은 1504억 달러에서 1624억 달러로 또 늘었다. 2004년 1058원이었던 원-엔 평균 환율은 2005년 930원 →2006년 821원→2007년 789원으로 계속해서 내려갔다. 수출은 어찌 되었을까? 2004년 2538억 달러→2005년 2844억 달러→2006년 3254억 달러→2007년 3714억 달러로 계속해서 늘어났다.

원-엔 환율이 한국의 수출에 어떠한 영향을 미치는지, 그 인과관계를 규명하기 위해서는 정확한 통계학적 분석이 요구된다. 다만 원-엔 환율이 내려간, 즉 엔화 대비 원화 가치가 상승한 해에 수출이 줄어든 전례가 없다는 것은 통계로 확인된다. 오히려 수출은 늘어났다. 2012년

100엔당 1413원하던 하던 환율이 엔저공습으로 2013년 1123원으로 내려갔는데 수출이 5480억 달러에서 5597억 달러로 늘어난 것은 예외적 사건이 아니다. 늘 그래왔던 것이 반복된 결과에 불과하다.

조금 다른 각도에서 이 문제를 바라보자. 1990년 이후 전년 대비 수출이 줄어든 해는 딱 두 번 있었다. 2001년 수출은 1504억 달러로 전년도의 1722억 달러보다 줄어들었다. 2008년 4220억 달러였던 수출은 다음 해 3635억 달러로 쪼그라들었다. 이 시점에 원-엔 환율은 어떻게 움직였을까? 2000년 100엔당 1048원이었던 평균 환율은 2001년 1062원으로 올라갔고, 2008년 100엔당 1076원이었던 평균 환율은 그 이듬해 1363원으로 급등하였다. 원저엔고로 일본제품 대비 가격 경쟁력이 강화되었는데도 수출이 축소된 것이다.

그림28 수출 동향

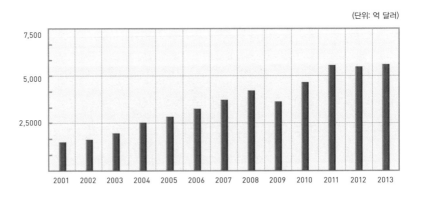

(단위: 억 달러)

자료: 지식경제부, 「수출입 실적」

뿌리 깊은 수출 우선주의의 사고

원-엔 환율이 내려가면 일본제품 대비 가격 경쟁력이 약화되는 것은 사실이다. 그러나 한 번도 수출이 줄어든 적이 없었다는 것은 무엇을 의미할까? 수출이 줄어든 2001년과 2009년의 원저엔고를 어떻게 보아야 하는가? 첫째, 일본과의 수출경쟁이 단순히 가격 요소에 의해 결정되지는 않는다는 점이다. 차별화된 품질과 마케팅 능력, 브랜드 파워, 현지화의 성공 정도, FTA 영토 크기 등 비가격 요소들이 크게 작용하고 있다고 보아야 한다. 둘째, 원-엔 환율의 변동이 수출에 미치는 영향은 제한적이라는 점이다. 원고엔저로 설령 일부 품목의 수출이 줄어든다 할지라도 전체 수출의 흐름을 돌릴 정도는 아닌 것으로 보인다. 이상 두 가지가 아니라면 이제까지의 통계를 설명할 방법이 없다.

여하튼 한 번도 실현된 적이 없는 원고엔저로 인한 수출 감소 시나리오를 가지고 소동을 피우는 것은 수출이 잘 돼야 경제가 산다는 수출 우선주의의 뿌리 깊은 잔재에서 비롯된 것이라 아니할 수 없다. 수출 우선주의의 잔재는 원고엔저 소동에만 국한되지 않는다. 또 다른 사례도 있다. 《동아일보》는 2013년 11월 2일 8면 헤드라인 '수출 월 500억 달러 첫 돌파 신 났는데, 체감경기는?'라는 기사에서 이렇게 썼다.

수출은 월 500억 달러 초과라는 사상 최대 실적을 냈고 물가상승률은 14년 만에 가장 낮은 수준으로 떨어졌다. 경제성장률도 두 분기 연속 1%

를 넘겨 경기 사이클상 이제는 바닥을 통과했다는 분석이 대세다. 이렇게 수치만 놓고 보면 경제는 분명 나아질 조짐을 보이는 것 같은데 정작 국민들은 아직도 어깨를 펴지 못하고 있다. 지표와는 별개로 도무지 살림살이가 나아진다는 것을 체감하지 못한다는 것이다. …(중략)…

체감경기가 살아나려면 우선 내수가 회복돼야 하고, 기업들의 투자 확대에 따른 일자리 증가로 가계소득이 늘어야 한다. 하지만 올 3분기(7~9월) 기업 설비투자는 77조 5550억 원으로 1년 전보다 5% 넘게 줄었다. 9월 사업체 종사자 수 역시 18만 7000명 늘어나는데 그쳐 전달에 비해 증가폭이 감소했다. 기업 이익이 늘어도 고용과 투자로 연결되지 않고 사내 유보만 쌓이면서 내수와 수출, 가계와 기업 간의 불균형이 지속되는 것이다. 최근 방한한 국제통화기금IMF 연례협의단도 이런 맥락에서 내수 진작과 가계소득 증가를 한국의 가장 중요한 정책과제로 꼽았다.

참으로 정확한 진단이었다. 수출이 늘어도 나아지지 않는 체감경기라는 한국 경제의 새로운 문제점을 적확히 짚어냈다. 그러나 안타깝게도 《동아일보》의 이러한 노력은 오래가지 않았다. 한 달 후 원대 복귀했다. 2013년 12월 2일 1면 머리기사의 제목은 '사상 최대 흑자… 수출로 불황터널 뚫자'였다. "경제성장률을 끌어올리고 고용을 늘리며 침체된 내수를 활성화할 해법은 수출에 달려 있다고 해도 과언이 아니다"며 수출 파이팅을 외쳤다. 이 기사는 '대한민국 무역 5대 강국을 향해'라는 기획 시리즈의 첫 편으로 같은 논조의 후속 편이 이어졌다. 박근혜 대통령은 12월 5일 열린 제50회 '무역의 날' 기념식에서 "2020년 세계 무역 5강 및 무역 규모 2조 달러"라는 목표를 제시하며 무역을 통해 경제를 부흥시키자는 '제2의 무역입국' 비전을 선포했다.

과거의 사고방식에서 벗어나지 못한 상태에서 새로운 현실에 부닥치면 인간은 부조화不調和 상태에 빠져 오락가락한다. 새로운 관점과 시각에서 새로운 현실을 고민하다가도 어느덧 과거의 사고방식으로 돌아간다. 지금 한국 사회가 그렇다. 엔저공습으로 인한 수출타격을 걱정하다가 경상수지(순수출+이전수지)가 사상 최대 규모의 흑자를 기록하자 언제 그랬느냐는 얼굴로 180도 다른 얘기를 하고 있다. 《조선일보》는 2013년 11월 14일 자 '국제수지 사상 최대 흑자 상황에 대응할 정책 내놔야'라는 제하의 사설에서 이렇게 쓰고 있다.

> 주식채권시장에 외화가 너무 많이 밀려들어와 고민스러운 정도다. (…) 경상수지 흑자가 늘어난 게 반길 일만은 아니다. (…) 일본은 1991년부터 2010년까지 연평균 1300억 달러의 막대한 경상수지 흑자를 냈지만 기업 투자와 소비가 살아나지 않는 바람에 장기불황에서 헤어나지 못했다. (…) 정부는 더 늦기 전에 경상수지 흑자를 적정 수준에서 관리할 방안을 마련해야 한다. (…) 과거 외환위기가 달러 부족 때문이었다면 이번엔 달러 과잉을 잘못 관리해 위기를 맞을 수 있다.

이 사설이 나가고 얼마 지나지 않아 김중수 한국은행 총재는 "경상수지 흑자폭을 줄이는 게 정책과제"라고 화답했다. 그런데 이 또 무슨 날벼락인가? 2014년 개장 첫 날 한국증시는 폭락했다. 하루 만에 지수가 44포인트나 빠진 것이다. 대다수 언론은 100엔당 1000원을 밑돈 환율이 원흉이라고 보도하였다. 외국인 자금이 급속히 빠져나가지 않을까 하는 우려가 또다시 고개를 쳐들었다. 세밑에 야스쿠니신사를 기습 참배한 아베의 엔저공습에 대한 경계태세가 재차 강화된 것이다.

아베노믹스에 대한 합리적 의심

나는 2005년 광복절 직후인 8월 18일 《조선일보》에 기고한 '일본이 한심하게 보이는 이유'라는 칼럼에서 다음과 같이 썼다.

많은 이들이 일본의 우경화를 우려와 경계의 프리즘으로 관찰하지만, 내 눈에는 일본이 한심하게 보일 때가 많다. 물론 일본의 우경화는 더욱 진전돼 '평화헌법'은 언젠가 손질되고 자위대는 군대로 바뀔 것이다. 그런데 웬 헛소리냐고? 나에게 그 답은 이미 오래 전에 주어졌다. 1999년 말 6년간의 일본 생활을 마무리하면서 내 머릿속에는 비교적 또렷한 명제 하나가 입력되었다. "일본은 결코 독일이 될 수 없다."

'패전敗戰'이 아닌 '종전終戰' 60주년을 맞아 일본은 '다테마에(建前, 겉모습)'와 '혼네(本音, 속마음)'의 이중성이라는 그들 문화의 특질을 다시 한 번 선명하게 보여줬다. '통절한 반성과 사죄'라는 총리 명의의 담화가 발표되던 순간, A급 전범戰犯이 합사돼 있는 야스쿠니靖國신사는 유력 정치인과 각료들의 참배로 성황을 이루었다. 이게 오늘의 일본이다. 그렇다면 이런 일본을 두려워해야 하나, 아니면 그 한계를 정확히 포착해 능동적 외교 전략을 구상해야 하나?

21세기는 식민지 쟁탈을 위해 전쟁을 불사하는 제국주의의 시대가 아니다. 세계화·정보화의 물결로 다차원에 걸친 상호의존이 심화되고 국경의 문턱이 낮아지는 시대다. 이런 시대에는 회유(당근)와 위협(채찍)에 의존하는 '하드 파워' 못지않게 타자의 자발적 동의를 이끌어낼 수 있는 '소프트 파워'가 중요하다. 소프트 파워는 타국의 호감을 살 수 있는 어젠다 설정 능력, 매력적인 문화·이데올로기·제도 등에서 비롯된다. 한 국가의 하드 파워가 국력國力이라면, 소프트 파워는 국격國格이라 할 수 있다.

일본은 바로 이 소프트 파워, 국격이 취약한 나라다. 협소한 국익 관념과 천황제에 대한 비이성적 집착으로 일본의 주류는 이제껏 과거사에 대한 방어적 자세만을 견지해왔다. 유대인 묘 앞에서 무릎을 꿇고 눈물을 흘림으로써 독일의 품위를 높인 빌리 브란트의 '공세적 반성'이라는 역사적·정치적 상상력을 그들에게 기대하는 것은 무리다. '소프트 파워'론의 원조인 미국의 국제정치학자 조지프 나이 역시 "일본문화는 미국문화에 비해 여전히 내향적인 데다가 일본 정부가 1930년대의 역사를 솔직담백하게 직시하려 하지 않아 소프트 파워 기반이 잠식되고 있다"고 지적한다. 요컨대 워크맨과 닌텐도가 쌓아올린 소프트 파워를 속 좁은 역사의식이 갉아먹고 있는 것이다.

이러한 생각은 지금도 변함이 없다. 1970년 12월 서독의 빌리 브란트 총리는 폴란드 수도 바르샤바를 찾아가 제2차 세계대전 당시 희생된 유대인 위령탑 앞에서 무릎을 꿇었다. 유럽의 전쟁 피해국들은 사과를 받아들였다. 브란트의 성의어린 행동으로 독일의 국익은 증진된 것이다. 일본의 정치인들에게 이런 대담한 발상과 상상력을 요구하는 것은 우물에서 숭늉을 찾는 연목구어緣木求魚일 뿐이다. 2013년 세밑에 전격 단행된 아베의 야스쿠니신사 참배는 축구로 말하자면 자살골을 넣은 것과 다름없는 행위였다. 일본의 집단적 자위권 행사를 지지해오던 미국조차 웰링턴 국립묘지와 야스쿠니는 다르다며 "실망스럽다"는 이례적 표현으로 아베의 참배 행위를 비난하였다.

그림29

그러나 야스쿠니 참배와 동일한 맥락에서 엔저공습을 논하는 것은 맥을 잘못 짚은 것이다. 그러한 주장은 아베노믹스의 본령을 환율전쟁을 통한 일본 기업의 수출경쟁력 높이기로 간주한다. 야스쿠니 참배나 엔저공습 모두 집권극우세력의 국가이기주의에서 비롯된 것이라는 해석이다. 과연 그럴까?

1990년 달러당 144엔이었던 엔-달러 평균 환율은 1991년 134엔 →1992년 126엔→1993년 111엔→1994년 102엔→1995년 94엔으로

그림30

5년 연속 엔고가 이어졌다. 같은 기간 일본의 수출은 1990년 2875억 달러→1991년 3147억 달러→1992년 3398억 달러→1993년 3622억 달러→1994년 3972억 달러→1995년 4431억 달러로 한 해도 빠짐없이 증가세를 기록했다. 엔고에도 불구하고 수출이 늘어난 것이다.

엔고의 흐름 속에서 수출이 증가하는 현상은 그 이후에도 목격된다. 1998년 130엔→1999년 113엔→2000년 107엔으로 엔고가 진행되었는데 수출은 1998년 3879억 달러→1999년 4193억 달러→2000년 4792억 달러로 늘었다. 2009년 93엔→2010년 87엔→2011년 79엔의 환율변동 속에서 수출은 2009년 5807억 달러→2010년 7697억 달러→2011년 8225억 달러로 증가세를 나타냈다.

그렇다면 엔저가 나타난 기간 중 수출은 어떻게 되었을까? 1995년 94엔→1996년 108엔→1997년 120엔→1998년 130엔으로 엔저가 진행되었다. 그러나 수출은 1995년 4431억 달러→1996년 4109억 달러→1997년 4209억 달러→1998년 3879억 달러로 오히려 줄어들었다. 엔저는 2000년 107엔→2001년 121엔→2002년 125엔에서도 나타났는데, 이 기간 수출은 2000년 4792억 달러→2001년 4032억 달러→2002년 4167억 달러의 변화를 보였다.

이상의 통계(환율은 IMF, 수출은 OECD)가 엉터리가 아니라면 엔저로 일본의 수출이 늘어날 것이라는 한국 사회의 강한 의구심은 실증 불가능하다. 통계는 오히려 그 역이 실체적 진실에 가깝다는 것을 보여준다. 엔저공습론은 통계를 무시한 비합리적 의심일 뿐이다.

우리는 일본의 잃어버린 20년을 정확히 파악해야 한다. 그래야 제대로 된 교훈을 얻을 수 있다. 서두에서도 지적했지만, 잃어버린 20년 동안 일본의 수출은 잘나갔다. 1990년 2875억 달러였던 수출은 2011년 8225억 달러로 크게 성장하였다. 앞서 소개한 《조선일보》 사설의 지적대로 일본은 1991년부터 2010년까지 연평균 1300억 달러의 막대한 경상수지 흑자를 냈다. 그런데 20년의 세월을 잃어버린 것이다.

모타니 고스케藻谷浩介 일본종합연구소 수석연구원이 2010년 6월에 출간한 『디플레의 정체デフレの正体』라는 소책자는 일본 경제가 지닌 이같은 문제점을 정확히 분석하고 있다. 제2장 '국제경제경쟁의 승자, 일본'의 소목차는 세계 동시불황인데도 줄지 않는 일본인의 금융자산, 버블 붕괴 후에 두 배 증가한 일본의 수출, 세계 동시불황 속에서도 계속되는 무역 흑자, 전 세계로부터 막대한 금리배당을 받는 일본, 중국이 융성할수록 돈을 버는 일본, 중국에 앞서 발전한 한국·대만이야말로 일본의 큰 돈줄 등이다. 제3장 '국제경쟁과 무관하게 진행되는 내수 부진'은 전후 최장의 호경기 속에서 줄기 시작한 국내 자동차 판매 대수, 소매 판매는 물론 국내 운송량과 1인당 수도 사용량까지 감소하는 일본 등으로 채워져 있다. 요컨대, 일본은 국제경쟁에서 승리했지만 그와

무관하게 진행된 내수 부진으로 잃어버린 20년을 맞이했다는 것이다. "경제는 인구의 파도로 움직인다"는 책의 부제가 말해주듯이 가장 큰 원인은 현역세대의 감소와 고령자 증가라는 경제의 노화현상이었다는 것이 저자의 분석이다. 이 책은 일본 국내에서 큰 반향을 불러일으키며 50만 부 이상 팔렸다.

따라서 아베와 그의 경제 참모들이 바보가 아니라면, 수출을 늘려 장기복합불황을 타개하기 위해 엔저공습을 감행했을 리 없다. 양적완화의 타깃은 수출증대가 아닌 장기복합불황의 압축물인 디플레 탈출이었다. 한국의 문제제기에도 불구하고 2013년 4월 워싱턴에서 열린 G20 재무장관·중앙은행 총재 연석회의에서 엔저를 용인한 것도 이 때문이었다. 헬리콥터에서 돈을 뿌려서라도 경기를 부양시키겠다는 버냉키의 양적완화 정책과 윤전기를 돌려서라도 돈을 찍어내겠다는 아베의 해법은 동일하다. 그런데 미국의 양적완화가 노리는 것이 수출증대라고 생각하는 사람은 거의 없다. '헬리콥터 벤'은 괜찮고 '윤전기 아베'는 안 된다는 생각은 비합리적이다. 최근의 통계를 보면 엔저로 일본의 수출이 늘어난 전례는 드물다. 대체로 엔고의 시대에 일본의 수출은 늘어났다. 원고엔저로 한국의 수출이 줄어든 전례는 한 번도 없다. 일본의 잃어버린 20년은 어마어마한 국제수지 호조 속에서 진행되었다.

실제 양적완화로 인한 엔저로 일본의 무역이 어떻게 변화했는지 살펴보자. 2013년 일본의 무역수지는 11조 4745억 엔 적자로 사상 최대치를 기록했다. 2012년의 6조 9410억 엔보다 무려 65.3% 증가한 것이다.

수출은 기대만큼 늘지 않고 수입이 급증했기 때문이었다. 달러 대비 엔화가치가 20%나 급락하였는데 무역수지는 더욱 악화되었다.

이제 우리는 냉정해져야 한다. 엔저공습을 경계할 것이 아니라 윤전기를 돌려서라도 돈을 찍지 않으면 안 되는 상황까지 간 일본의 잃어버린 20년이 주는 교훈이 무엇인지를 잘 새겨야 한다. 아베노믹스에 대해서도 불필요한 감정에서 비롯되는 선입견을 거두어야 한다. 의심을 하더라도 합리적으로 해야 한다. 양적완화로 과연 디플레에서 탈출하여 잃어버린 20년을 종식시킬 수 있을 것인가? 소비세가 5%에서 8%로 올라가더라도 소비가 늘어날 수 있을까(소비세를 3%에서 5%로 올린 1997년 4월 이후 일본 경제가 이른바 더블 딥에 빠진 적이 있다)?

한국이 진짜 걱정해야 할 것은 경상수지의 구조적 흑자

2013년 한일 양국이 거둔 경제성적표는 여러 가지 점에서 많은 생각을 하게 만든다. 일본을 제치고 대중국 수출 1위 등극, 경상수지 흑자 일본 추월은 일단 우리를 기분 좋게 해준다. 무역은 트리플 크라운을 달성했다. 반면 아베노믹스 이후에도 일본의 무역수지는 개선되지 못하였다. 일본의 무역수지는 2010년까지 오랜 기간 흑자를 유지했지만, 2011년의 후쿠시마 원전사고로 원전가동이 중단되고 에너지 수입이 급증하면서 적자로 돌아섰다. 2013년도 마찬가지였다. 11월까지 11개월 연속 무역 적자가 이어졌고 이 때문에 11월 경상수지 또한 9개월 만에 적자로 돌아섰다.

한편 내수는 어떠했는가? 일본 통계청이 발표한 2013년 신선식품을 제외한 근원 소비자물가지수CPI 동향은 의미 있는 변화를 보여주고 있다. 전년 동기 대비 1월 −0.2%, 2월 −0.3%, 3월 −0.5%, 4월 −0.4%였던 것이 5월 0.0%를 거쳐 6월 0.4%로 플러스 전환한 후 7월 0.7%, 8월 0.8%, 9월 0.7%, 10월 0.9%, 11월 1.2%로 상승세를 이어갔다. 일본의 소비자물가지수는 1999년부터 7년 내리 마이너스를 기록하다가 2006~2008년 잠시 반등했다가 2009년 이후 다시 마이너스 추세를 보여 왔다.

일본 정부는 디플레 발생 2년이 지난 2001년 3월에서야 월례 경제보고서를 통해 디플레를 공식적으로 인정했다. 1945년 이후 처음 있는 일이었다. 그 후 2006년 7월 보고서에서 디플레라는 용어는 사라졌으나, 글로벌 금융위기 이후 2009년 11월 보고서에 "완만한 디플레이션 상황에 있다"는 표현으로 다시 등장했다. 그러던 것이 아베노믹스가 실시된 지 1년이 지난 2013년 12월 보고서에서 "물가가 안정적으로 오르는 추세"라며 디플레 표현이 사라졌다.

반면 한국의 2013년 소비자물가 상승률은 전년 대비 1.3%로 1999년이래 14년 만에 최저치를 기록했다. 수치는 한국이 약간 높지만, 중요한 것은 추세다. 일본이 상승세를 보이는 반면, 한국은 하락세를 보이고 있다. 또 일본의 소매판매가 8월 1.1%, 9월 3.0%, 10월 2.3% 증가하는 동안 한국은 2.5%, −1.2%, 1.6%로 등락이 엇갈렸다. 물가상승을 감안한 2013년 한국의 실질소비증가율은 마이너스였지만 일본은 플러스였다.

이렇듯 일본은 물가가 완만히 오르면서 소비도 늘어난 반면, 한국은 물가상승률이 급격히 둔화되는 속에서 소비가 얼어붙는 양상을 보였다. 저물가↔저소비의 악순환에서 일본은 개선된 반면, 한국은 악화되었다. 종합해보면 2013년 일본 경제는 수출과 경상수지 등에서는 한국보다 부진한 반면, 물가와 소비 등의 내수 부문에서는 한국보다 양호한 모습을 보였다.

여기서 우리는 교훈을 얻어야 한다. 과유불급過猶不及이라 했다. 무역수지, 경상수지는 흑자여야 좋긴 하나 지나치면 오히려 해가 될 수 있다. 한국은 이제 경상수지의 구조적 흑자를 걱정해야 한다. 경상수지의 구조적 흑자란 기업들이 해외로 생산기지를 옮기고 현지에서 이익을 내면서 환율이나 국내 경기 등과 상관없이 흑자를 내는 현상을 일컫는다. 해외투자 증가로 배당이나 이자수입이 늘어난다. 여기에 기업이 해외에서 번 것만큼 국내로 투자하지 않아 내수가 부진할 경우 수입이 감소해 흑자폭이 커진다. 일본이 1980년대 후반 이후 엔고상황에서도 경상수지 흑자를 낼 수 있었던 배경이다. 2013년 한국 역시 원화절상에도 경상수지 흑자폭이 늘어났다. 연초 한국은행이 전망했던 320억 달러의 두 배가 넘는 707억 달러를 기록했다. 잃어버린 20년의 일본과 비슷해지고 있는 것이다. 2000년대 들어 한국의 해외 직접투자 증가율은 연평균 6.9%로 국내투자 증가율 5.4%를 상회한다. GDP에서 해외 직접

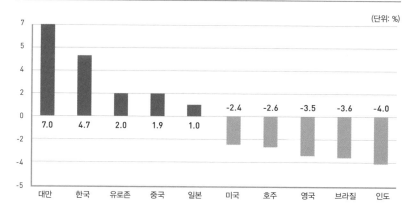

그림31 2013년 각국 경상수지 규모가 국내총생산(GDP)에서 차지하는 비율

(단위: %)

대만	한국	유로존	중국	일본	미국	호주	영국	브라질	인도
7.0	4.7	2.0	1.9	1.0	-2.4	-2.6	-3.5	-3.6	-4.0

자료: IMF

투자가 차지하는 비중은 2012년 2.9%로 일본을 넘어섰다.

이와 관련해서 눈여겨봐야 할 대목이 부품소재 수출의 급증현상이다. 2013년 한국이 일본을 제치고 대중국 수출 1위에 등극할 수 있었던 것은 대중국 수출의 63%를 차지한 부품소재 산업의 선전 덕분이었다. 2013년 부품소재 산업의 무역 흑자 규모는 1000억 달러에 육박하여 전체 무역 흑자 442억 달러의 두 배를 넘어섰다. 2001년 27억 달러로 전체 무역 흑자의 30% 수준이었던 것이 급성장한 것이다. 2000년대 초반까지도 국내 부품소재 산업의 국제경쟁력은 취약하였다. 일본의 부품소재를 수입하여 완제품을 만들어 수출하는 구조로 인해 수출이 늘수록 대일적자가 늘어나는 악순환을 피할 수 없었다. 2001년 무역수지 흑자는 93억 달러였는데 대일 부품소재 무역 적자는 105억 달러였다.

그러던 것이 상전벽해桑田碧海를 이루었다. 그 비결은 무엇이었을까? 지속적인 연구개발 투자 확대를 통한 품질경쟁력 향상이 필요조건이었다면, 한국 기업의 활발한 해외진출이 충분조건이었다. 유선통신기기 등 29개 분야의 중국 부품소재시장에서 우리 제품이 일본산을 추월할 수 있었던 데는 현대자동차와 삼성전자 등 자동차와 IT 분야의 현지 생산기지 건설이 큰 영향을 미쳤다. 한국의 주력 품목인 자동차는 절반 이상을, 휴대폰은 90%가량을 해외에서 생산한다.

부품소재산업의 성장은 분명 좋은 것이다. 그러나 호사다마好事多魔라고 했던가? 부품소재 수출의 급증은 경상수지의 구조적 흑자를 밑받침하는 주요 구성요인이 되고 있다. 경상수지의 과도한 누적은 일본이 그랬던 것처럼 통상마찰과 환율분쟁을 야기한다. IMF와 미국 재무부 등에서는 원화가 아직도 저평가 상태라고 판단하고 있다. 앞서 인용한 《조선일보》 사설의 지적대로 이번엔 달러 과잉을 잘못 관리해 위기를 맞을 수 있다.

1997년 환란은 우리에게 큰 충격은 안겨줬다. 그래서 트라우마로 자리 잡았다. 제2의 외환위기가 닥치지 않을까 하는 걱정은 우리 곁을 떠나지 않았다. 대외변수로 경제가 출렁일 때마다 경계태세가 강화되었다. 2008년 금융위기 직후 미국, 일본과의 통화스왑 체결에 전력투구한 것도 제2의 외환위기 예방을 위해서였다. 그렇다. 위기는 언제든 다시 찾아올 수 있다. 문제는 위기의 구체적 양상이다. 동일한 형태로 반복될 때도 있지만 그렇지 않은 경우도 많다. 그래서 위기예방이 어려운 것이다. 한국은 지금 외환 부족이 아니라 경상수지의 구조적 흑자를 어떻게 적정수준으로 관리할 것인가를 걱정해야 한다. 그것이 일본의 잃어버린 20년이 우리에게 주는 교훈이다. 경상수지 흑자가 최대치를 기록했는데 경제성장은 정체되고 체감경기가 얼어붙는 현상은 이제 이웃나라의 이야기가 아니다. 우리가 정면으로 씨름해 풀어야 할 새로운 시대적 과제다.

4장

한국 경제의
뉴 노멀

수출-제조-대기업 우선의 불균형 성장 전략은 탁월한 선택이었다. 이 전략을 채택했기에 빠른 속도의 캐치 업이 가능했고 압축 성장의 기적을 만들 수 있었다. 그러나 때 이른 탈공업화와 준비되지 않은 서비스화·도시화의 종료·출산율 감소 등으로 1990년대 들어 한국 경제는 성숙 단계에 진입하였다.

이 도전에 대한 응전으로 추진한 적극적 세계화 전략은 공장자동화와 생산기지 해외 이전 등으로 고용 없는 성장을 구조화시켰다. 선도부문의 성장이 유발시켰던 낙수 효과는 사라졌지만, 수출-제조-대기업은 더욱 강해졌다. 한편 초고속·압축 고령화와 근로정신의 퇴화는 낙수 효과의 소멸과 맞물려 경제의 노화를 촉진시키고 있다. 저금리·저물가·저투자·저소비의 4저불황은 구조화되었고, 기업과 가계, 수출과 소비는 탈동조화하고 있다. 2013년 경상수지 흑자 규모와 대중국 수출에서 일본을 제치는 기염을 토했음에도 국민적 뉴스거리가 되지 못한 데는 나름의 사정이 있었다. 대서특필하기엔 체감경기가 너무 안 좋았다.

이렇듯 불균형 성장 전략은 이미 종언을 고했다. 다만 수출 우선주의의 뿌리 깊은 잔재에서 드러나듯 우리 스스로가 그 변화를 제대로 인식하지 못하고 있을 뿐이다. 한 사회의 인지능력이 현실의 변화를 제대로 따라잡지 못할 때, 대응능력의 저하로 혼선과 혼돈은 가중된다.

지금 대한민국은 버블 붕괴 이후 1999년 디플레 진입까지 일본이 걸었던 길의 어딘가를 통과하고 있다. 과거의 기준으로는 도저히 정상이라고 할 수 없었던 현상들이 일상화되고 있다. 과거의 정상은 이제 예외적 현상으로 간주된다. 한국 경제의 뉴 노멀이 이미 자리를 잡았기 때문이다.

부동산 불패신화의 종언과
역逆자산효과

2013년 봄날 택시 탔을 때의 일이다. 60대 후반이라고 나이를 밝힌 기사는 40대에 들어선 자신의 아들에 대한 불만을 토로했다. 괜찮은 직장에 다니고 수입도 좋은데 도통 집을 살 생각을 안 한다는 것이었다. 얼마 전엔 전세를 30평대에서 40평대로 옮기고 자동차도 새로 뽑았단다. 기사는 그럴 돈 있으면 집을 사야지 왜 남의 집 살이를 하는지 도저히 이해할 수 없다고 분개하였다. 그래서 여쭤봤다. "아드님은 뭐라고 하던가요?" "아 글쎄 그놈이 집값 더 떨어질건대 뭐 하러 집을 사냐고 오히려 날 이상한 사람 취급하더라니까요. 아, 집은 사놔야 해요. 어차피 오르잖아요."

이렇듯 부동산을 바라보는 부자의 시각은 극명하게 엇갈렸다. 누가 맞는 것일까? 한국은 투기공화국이라 불릴 만큼 부동산 투기로 인한 사회적 부작용이 극심한 나라였다. 1989년 4월 18일 경기도 성남시 공설운동장에는 2만 5000명의 인파가 몰렸다. 수도권 1기 신도시 분당의 아파트 청약 신청자들이었다. 경쟁률은 43대 1로 치열했다. 추첨이 끝나자 프리미엄 500만 원이 붙은 딱지가 즉석에서 거래되었다. 그해 경상GNP가 141조 원이었는데 땅값 상승으로 인한 자본이득은 GNP의 두 배가 넘는 313조 원이었다. "일하지 않는 자여, 먹지도 말라"는 성경의 문구가 무색해지던 시절이었다. 당시 각종 조사에서 근로의욕을 저하시키는 최대 요인으로 꼽힌 것이 바로 부동산 투기를 통한 한탕주의 풍조였다.

1978년 고교 수업시간에 들은 한 선생님의 경험담은 아직도 기억에

그림32

1982년 11월 4일 서울 강남구 개포동 우성1차 아파트 분양 현장 모습. 추첨이 끝나고 당첨자 명단이 나붙자 부동산 중개업자들이 즉석 인화 카메라까지 동원해 당첨자를 파악하고 있다. 1인당 국민소득이 141만 원이던 시절 당첨자들은 무려 1500만 원이 넘는 웃돈을 얹어 받으며 당첨 통장을 되팔았고, 이렇게 '강남 복부인'들이 탄생하기 시작했다. 《동아일보》 DB.

생생하다. 그 선생님께서는 1970년대 초 지인이 사업자금을 빌려달라고 해서 200만 원을 꿔주셨단다. 그런데 그 사람이 사업에 실패하여 돈을 못 갚게 되자 미안해하며 자신이 소유한 경기도의 땅이라도 받아달라고 해서 그렇게 하셨단다. 선생님이 받아두신 그 땅은 당시 인적이 드문 곳으로 서울에서 배를 타고 가야되는 곳이었다. 그런데 어느 날 아파트단지를 짓겠다는 계획이 발표되더니 땅값이 천정부지로 뛰기 시작했다. 그곳은 배밭골이라 불리던 훗날의 압구정동이었다. 이처럼 부동산은 한국인들에게 운만 좋으면 일확천금을 안겨주는 황금알을 낳는 거위였다.

내 집 마련의 간절한 꿈

한국인들의 내 집에 대한 애착은 유별났다. 집은 안정된 생활과 재산증식의 보증수표였다. 전국의 아파트 값은 주택 가격 통계를 내기 시작한 1986년 이후 27년 동안 315% 상승했다. 가족의 도움 없이 월급쟁이들이 주택을 마련하는 것은 사막에서 오아시스 찾기보다 힘들었지만, 모두들 빚을 얻어서라도 아파트를 사려 했다. 천신만고 끝에 집을 마련하면 세상의 모든 것을 얻은 양 뻑적지근한 집들이 잔치를 벌이곤 했다.

부동산 투기로 인한 불로不勞소득을 질타하면서도 자신만 그 흐름에서 빠지면 손해라는 생각에 너도나도 부동산에 뛰어들었다. 부동산은 가장 수익성이 높으며 결코 배신하지 않는다는 부동산 불패신화가 사회현상으로 자리 잡은 것이다. 1997년 외환위기 이후 가격이 하락하기도 하였으나 곧 회복되어 2007년까지 부동산 열풍은 이어졌다. 서울의 아파트 매매가격은 외환위기 당시보다 두 배 이상 올랐다.

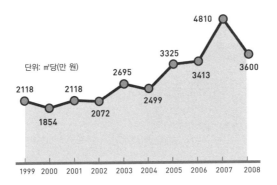

그림33 수도권 사무용 빌딩 분양가격 추이

단위: ㎡당(만 원)

4810

3325

2695

2118   2118   3413   3600

2499

1854   2072

1999 2000 2001 2002 2003 2004 2005 2006 2007 2008

자료: 신영에셋

부동산 투기와의 전쟁

이에 노무현 정부는 투기열풍을 잠재우겠다며 종합부동산세 인상과 1가구 다주택자 양도세 중과 등 각종 제재조치를 단행했다. 다음은 2005년 한덕수 당시 경제부총리가 발표한 8·31 부동산대책의 머리 부분이다.

국민 여러분! 저는 정부 부동산정책의 책임자로서, 오늘 매우 결연한 의지를 가지고 이 자리에 섰습니다. 지금 우리의 부동산 시장은 더 이상 시장 자체의 질서에만 맡겨둘 수 없는 상황에 이르렀습니다. 따라서 정부가 나서 정상화를 위한 단호한 정책들을 마련하게 되었습니다.

그 핵심은 투기를 통한 부동산 불로소득을 세금으로 환수하여, 사회에 환원하는 것입니다. 쉽게 말해 투기를 억제할 그물망의 코를 촘촘히 짜서, 투기를 통한 편법적 이득이 세금이라는 그물을 통과하고 나면 이득이 거의 사라지도록 하려는 것입니다. 그래서 투기목적으로 부동산을 소유하는 행위가 실질적 이득을 가져오지 못하도록 하려는 것입니다.

이번 정책은 과거 대증요법에 급급했던 단기처방이 아니라, 서민의 주거 안정과 부동산 투기 억제를 위한 매우 장기적이며, 근원적 처방입니다. 이제 정부는 부동산정책이 시간이 흐르고 나면 바뀌고 말 것이라는 생각은 오늘이 마지막이라는 강력한 메시지를 전달하고자 합니다. 부동산 투기는 이제 끝났습니다.

이러한 강력한 조치를 통해 '부동산불패'라는 잘못된 믿음을 깨뜨리고, 부동산의 거품을 제거하여 시장을 반드시 정상화시킬 것입니다. 이 과정을 통해 우리 시장에서 "부동산 투기 필패"라는 사회적 믿음이 뿌리내릴 수 있도록 하겠습니다.

그러나 정부의 '세금폭탄'에도 시장은 아랑곳하지 않았다. 대책 발표 이후 매물이 감소하자 전국의 아파트 가격은 1년 만에 11.4%나 올랐다.

아래의 글은《동아일보》2013년 10월 12일 토요판 커버스토리 '한국인 에게 집이란 무엇인가'에 소개된 일화다.

2007년 3월 10일 밤 인천 연수구 송도국제도시의 한 오피스텔 본보기 집 앞은 돗자리를 깔고 담요를 두른 인파로 붐볐다. 코오롱건설이 짓는 123실 오피스텔 분양 현장접수에 참가하려고 대기자들이 이틀 전부터 줄 지어 늘어선 것. 청약 당일인 12일에는 이동식 중개업소인 '떴다방' 직원 까지 몰려들어 1만여 명이 뒤엉켰다.

사고 예방을 위해 번호표가 발급됐지만 접수를 시작한 지 2시간이 지날 무렵 혼란이 시작됐다. 번호표를 못 받은 사람들이 대기자들 사이에 몰래 끼어든 것. 대기자들 간에 고성이 오가고 경호업체 직원들과는 거친 몸 싸움이 벌어졌다. 밀려 넘어진 사람들이 구급차에 실려 가면서 이날 청약 접수는 취소됐다. 한 달 뒤 인터넷과 은행 접수가 병행된 청약은 경쟁률 이 무려 4855대 1이나 됐다. 3일간 몰린 청약금만 무려 5조 3000억 원이 었다.

부동산 문제 해결은 경제정의 실현의 최우선 과제로 인식되었다. 핵 심은 투기 근절과 집값 안정이었다. 고위공직자 인사청문회에서 부동산 투기 의혹으로 낙마한 인사들이 줄을 이었다. 공공임대주택과 반값 아 파트를 대대적으로 건설하여 서민주거를 안정시키겠다는 공약은 선거 때마다 등장하였다.

애물단지가 된 아파트

　정부의 강력한 억제 조치에도 불구하고 하늘 높은 줄 모르고 치솟던 부동산 가격은 내부요인이 아니라 외부충격으로 꺾이게 되었다. 2006년부터 시작된 미국의 서브프라임 모기지Subprime Mortgage 사태는 금융회사의 연쇄부실로 이어져 결국 2008년 9월 세계적 투자은행인 리먼 브라더스를 파산시켰다. 미국 역사상 최대 규모의 기업 파산으로, 파산 보호를 신청할 당시 자산 규모가 6390억 달러였다. 세계경제의 중심 미국이 휘청거리자 이 충격은 일파만파가 되어 글로벌 금융위기로 확산되었다. 1930년대 대공황 이래 가장 큰 위기라는 데 이견이 없었다. '자본주의4.0'이 나오게 된 것도 이러한 배경에서였다.

　서브프라임 모기지는 신용등급이 낮은 저소득층을 대상으로 주택자금을 빌려주는 미국의 주택담보대출 상품으로 국내에서는 비우량주택담보대출이라 부른다. 파생상품인 모기지유동화증권을 통해 막대한 수익을 올리던 미국 금융기관들은 이른바 'NINJA 대출'—소득이 없고No Income 직업이 없고No Job 자산이 없는No Asset 사람들에 대한 대출—을 남발하였다. 이런 비이성적 대출관행을 가능케 한 것은 1996년 이후 10년 동안 두 배나 오른 주택 가격이었다. 신용등급이 낮은 사람들에게 대출을 해줘도 집값이 오르기 때문에 원리금 상황에는 문제가 없다고 판단한 것이다.

　그러나 거품은 언젠가 터지게 마련이다. 금리인상을 계기로 미국의 주택 가격은 2006년 6월부터 빠른 속도로 하락했고, 이에 따라 상당수 주택소유자들의 대출금 상환이 불가능해졌다. 연쇄적으로 모기지 유동화증권의 정상적인 상환도 불가능해졌다. 새끼에 새끼를 친 파생상품이었기에 그 파급효과는 핵폭탄 투하에 비유될 정도였다.

미국이 재채기를 하면 한국은 독감에 걸린다고 했다. 리먼 쇼크는 어김없이 한국 경제를 강타했다. 우려했던 제2의 외환위기는 발생하지 않았지만, 부동산 경기는 급냉하였다. 교육특구라 불리며 부동산 열풍의 상징이었던 서울 강남의 대치동 은마아파트 30평은 2006년 11억 6000만 원에서 2013년 6억 9000만 원으로 급락하였다.

 **그림34** 은마아파트 가격 추이

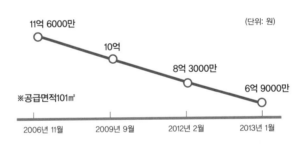

자료: 국민은행

2006년 정부가 가격거품이 과하다고 지목한 버블세븐(서울 강남 3구와 목동, 분당, 용인, 평촌) 지역의 평균 아파트값도 최고점 대비 1억 원 넘게 떨어졌다. 가장 많이 떨어진 곳은 서울 강남구로 평균 매매가가 11억

7356만원에서 2013년 10월 현재 9억 7979만원으로 1억 9377만원 하락하였다. 이를 두고 버블세븐의 굴욕이라는 말까지 나왔다. 대한민국 부의 상징이자 부동산 불패신화의 대명사로 여겨져 왔던 서울 강남구 도곡동의 타워팰리스. 2003년 평균 매매가가 20억 원 대였던 84평형은 2008년 52억 원에 거래되기도 했지만, 2012년 8월 경매에서 40억 원에 낙찰되었다.

 버블세븐 평균 매매가 추이

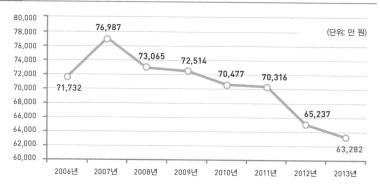

주: 매년 10월 4주 차 시세 기준
자료: 부동산써브

〈그림 36〉에서 확인되듯이 2010년부터는 버블세븐 등 특정 지역이 아니라 수도권 전체의 집값이 떨어지기 시작해 최근까지 하락 추세가 이어지고 있다. 한국인의 대표적 자산인 부동산의 가치가 일시적이 아니라 추세적으로 하락하는 건국 이래 최초의 현상이 발생한 것이다.

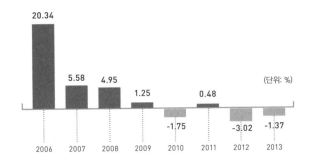

그림36 수도권 집값 상승률 전년 대비

20.34

5.58 4.95

1.25

0.48

(단위: %)

-1.75

-3.02 -1.37

2006 2007 2008 2009 2010 2011 2012 2013

자료: 국민은행

부동산 가격의 추세적 하락은 서브프라임 사태라는 상황적 요인에 의한 것만은 아니다. 부동산 시장의 수요-공급관계 변화라는 구조적 요인도 작용하고 있다. 한국의 베이비붐 세대의 가정을 보면, 대개 자식이 3·4명으로 부모(2인)보다 많다. 주택상속을 못 받는 자식들이 더 많았다는 얘기다. 또 부모가 지방에 거주하는 경우가 많아 상속을 받더라도 정작 필요한 수도권 주택에 대한 수요를 채워주지는 못했다. 이러한 인구구조에서 산업화와 도시화의 급속한 진전은 수도권 집값을 폭등시켰다.

그러나 이제 도시화는 종료되었다. 근년 귀농·귀촌 인구가 늘어 서울 인구는 오히려 조금씩 줄고 있다. 주택보급률은 100%를 넘어섰다. 한 자녀 가정이 일반화되고, 청년들의 미취업과 만혼, 캥거루족 현상이 증가하면서 주택 수요는 줄고 있다. 한편 평균 수명 연장으로 노후자금을 마련하려는 사람들이 증가하면서 역모기지론이 증가할 것으로 전망된다. 역모기지론은 장기주택저당대출이라고 하는데, 집은 있지만 다른 소득이 없는 고령자가 주택을 은행에 담보로 맡긴 후 연금 형태의 대출을 받아 생활비로 쓰다가 사망하면 금융기관이 주택을 처분하여 그동안의 대출금과 이자를 상환받는 방식을 말한다. 자기 소유 주택에 대한 집착 등으로 아직까지 크게 활성화되고 있지 않지만, 평균 자산의 80% 이상을 주택에 묶어두고 있는 한국 고령층의 특성상 역모기지론은 활성화될 수밖에 없을 것으로 보인다. 그렇게 되면 주택시장의 공급은 늘어난다.

이처럼 부동산 시장을 둘러싼 환경이 근본적으로 변화했음에도 불구하고 과거 집값 상승기의 감각으로 시행한 정책들은 집값을 더욱 하락시키는 결과를 초래했다. 노무현 정부에서 시작한 수도권 2기 신도시 프로젝트의 상당수는 수요를 정확하게 예측하지 못한 공급과잉으로 사업축소 또는 전면 취소, 30% 이상 미분양 등의 실패작을 양산하였다. 수도권 미분양 주택은 2013년 3만 5000가구를 넘어서 10년 전보다 13배 이상 늘어났다.

이명박 정부에서 추진했던 보금자리주택 사업도 정부가 시장 침체를 부추긴 대표적인 사례로 꼽힌다. 보금자리주택은 도시 인근 개발제한구역(그린벨트)을 풀어 2009~2018년 150만 가구를 서민들에게 싸게 공급하겠다는 대규모 계획으로, '반값 아파트'라는 별칭이 붙을 만큼 큰 관심을 끌었다. 하지만 2008년 글로벌 금융위기 여파로 시장 침체가 본격화한 것과 맞물리면서 주택시장에 되레 큰 타격을 줬다는 게 전문가들의 평가다. 전세 시장에 머무르면서 보금자리주택 청약을 기다리는 대기 수요가 늘면서 민간 아파트 미분양이 쌓이고 주변 시세를 끌어내리는 악순환이 생겼다는 것이다.[21]

늘어나는 하우스푸어, 역자산효과의 시대

건설산업연구원은 부동산 시장 침체로 2008년 이후 주택토목공사가 줄면서 4년 동안 민간공공 부문의 건설 투자액이 37조 2000억 원 감소한 것으로 분석했다. 또 이로 인해 자재원료서비스업 등 연관 산업 일감까지 사라져 추가로 41조 원의 손실이 발생했다고 밝혔다. 부동산 시장 침체로 4년간 총 78조 2000억 원의 경제적 손실이 발생했다는 것이다.

부동산 시장 침체는 가계에도 큰 타격을 주었다. 이른바 하우스푸어 House Poor의 대대적 등장이다. 하우스푸어는 소득에 비해 과도한 빚을 내 집을 사는 바람에 대출 원리금 상환과 세금 부담으로 생활고에 시달리는 사람을 말한다. 최근에는 주택 가격 하락으로 집을 팔아도 대출금을 다 갚지도 못하는 '깡통 주택' 소유자도 나오고 있다. 전문가들은 보통 매년 갚아야 할 대출 원금이자 총액이 연 소득의 30%를 넘는 가구를 하우스푸어로 간주한다. 명지대 김준형 교수(부동산학)의 조

---

21 《조선일보》, 2013년 9월 30일 A8.

사 결과, 이런 가구는 32만 8169가구에 달하고 이들의 부채액은 26조 3286억 원에 이른다. 원리금이 소득의 60%를 넘는 파산 일보직전의 가구도 7만에 이른다. 최근 한국의 중산층이 줄어들고 있는데, 이 '쪼그라든 중산층Squeezed Middle'의 주요 원인 중 하나가 하우스푸어라고 전문가들은 입을 모은다.

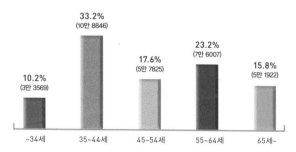

그림37 연령대별 하우스푸어 비율

주: 가구주 기준, 괄호는 가구수

집값 하락과 하우스푸어의 등장은 한국 경제의 올드 노멀Old Normal 이었던 '자산효과Wealth Effect'를 소멸시키고 있다. 자산효과는 주식이나 부동산, 채권 등 자산의 가치가 증대됨에 따라 소비도 늘어나는 효과로, '부의 효과Wealth Effect' 또는 '피구효과Pigou Effect'라고도 한다. 현재의 소비가 미래의 소득에 의해서도 영향을 받는다는 것에 근거를 둔다. 주가는 미래의 배당소득을, 부동산 가격은 미래의 임대료를 현재 가치화한 것으로, 일반적으로 사람들은 주식이나 부동산 등의 자산가치가 늘어나면 현재 소득은 그대로지만 소비를 늘리는 습성이 있다는 것을 영국의 경제학자 피구Arthur Cecil Pigou가 최초로 제창했다.

한국의 자산효과는 주로 부동산에서 비롯되었다. 주식이나 채권은 기대만큼의 수익을 올려주지 못했다. 그런데 부동산 불패신화의 종언과 함께 집이 애물단지로 변해버렸다. 대출 원리금을 갚느라 다른 씀씀이를 대폭 줄이는 가구가 늘고 있다. '역자산효과'의 시대가 도래한 것이다.

역자산효과라는 뉴 노멀은 집에 대한 사람들의 인식을 근본적으로 바꾸어 놓고 있다. 2012년 9월 주택금융공사의 설문조사 결과에 의하면, 내 집이 꼭 있어야 한다고 생각하는 사람은 20대 40%, 30대 41%, 40대 54%, 50대 55%, 60대 이상 63%로 2030세대의 60%가 내 집이 필요 없다는 인식을 나타냈다.

젊은 세대에게 집은 소유에서 거주의 개념으로 바뀌고 있다. 요즘 젊은 층은 집을 살 생각이 별로 없다. 평생 모은 돈을 다 보태고 대출까지 받아 집을 샀지만 외환위기 때 명퇴를 하고 하우스푸어가 된 아버지의 쓰라린 경험을 되풀이하고 싶지 않아서다. 앞서 소개한 '한국인에게 집이란 무엇인가'라는 《동아일보》 기사에 소개된 한 30대의 말이다. "옷을 사도 '떨이 상품'을 고르고, 외식도 변변히 못하고 평생 일만 하며 산 집이 배신을 때리더라고요. 아버지처럼 살기는 싫어요. 그 돈으로 가족과 여행을 다니며 즐기면서 살고 싶어요." 〈그림 38〉에서 나타나듯이 전세수요를 매매수요로 돌리는 데 초점을 맞춘 정부의 2013년 8월 28일 대책에도 젊은 층은 시큰둥한 반응을 보이고 있다.

그림38 8·28 전월세 대책 발표 이후 지금이 집을 사야 할 때인가?

(단위: %)

	집 사기 좋은 시기다	좋지 않은 시기다	모르겠다
20대	15	68	17
30대	28	60	12
40대	38	39	22
50대	49	25	26
60세 이상	40	21	40

주: 2013년 9월 전국의 만 19세 이상 913명을 대상으로 한 설문조사
자료: 한국갤럽

집값 하락에도 불구하고 주택 매매수요가 감소하면, 결국 전셋값이 올라가게 된다. 집주인들은 집값 하락분을 만회하기 위해 전세금을 올리려 하고, 다른 한편으로 전세수요가 늘어나니 당연한 현상이다. 한국 감정원의 2014년 3월 22일 기준 전국 아파트 가격동향 조사 결과, 전세 가격은 82주 연속 상승세를 이어갔다.

국민은행에 따르면 전국 아파트의 매매가 대비 전세가 비중은 2013년 말 66.4%로 최고치를 기록하였다. 부동산 114에 따르면 2014년 1월 현재 전세가율이 90%를 웃도는 가구가 전국적으로 7만 6549가구에 이른다. 이들 아파트의 매매가와 전세가의 차이는 가구당 평균 2000만 원 수준이다.

전세가 상승은 가계소비를 위축시킨다. 한국은행의 1990년 1분기부

그림39 전국 집값·전세값 변동률 추이

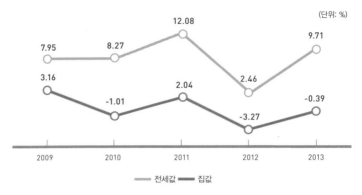

자료: 부동산 114

터 2013년 1분기까지의 실증분석 결과, 전세가가 1% 상승하면 소비는 0.37%까지 감소하는 것으로 나타났다. 집을 소유한 사람은 역자산효과로, 소유하지 못한 사람은 전세가 상승으로 소비 여력이 줄어드는 것이다.

2013년 말 국회는 매매시장을 활성화시키기 위해 취득세율 영구인하, 다주택자 양도세 중과 폐지, 수직 증축 리모델링 허용 등 관련 법안을 통과시켰다. 세제혜택과 저금리대출 등은 침체된 매매시장 활성화에 긍정적으로 작용할 것이다. 그런데 치솟는 전세가에도 불구하고 전세수요가 구매수요를 대체하는 가장 큰 이유는 앞으로 집값이 더 내릴 것이라는 전망 때문이다. 이 기대심리의 흐름을 돌리지 못하면, 다양한 정책수단을 동원하더라도 구매수요 창출은 쉽지 않을 것으로 보인다.

일본은 부동산으로 롤러코스터를 탄 나라다. 버블 최고조기인

1980년대 말 도쿄 23구의 땅을 팔면 미국 전 국토를 사고도 남았다. 그런데 2012년 현재 일본의 평균 주택 가격은 1983년 수준에 머물러 있다. 버블이 최고조에 달했을 때와 비교해 60% 이상 하락하였다. 이에 비하면 한국의 주택 가격 하락은 완만하다. 버블 붕괴 이후 일본에서는 은행 대출금리가 연 1% 이하로 떨어지면서 대출을 받아 집을 구입한 후 원리금을 갚는 것이 월세를 내는 것보다 유리한 경우가 늘고 있다. 그런데도 주택 구입 수요가 늘지 않아 부동산 가격은 하락세를 면치 못하고 있다. 더 떨어질 수 있다는 기대심리 때문이다.

이에 일본 정부는 사전상속 장려라는 비상수단을 동원했다. 부모들이 주택을 구입하는 자녀에게 보태주는 돈(증여)에 대해 세금을 부과하지 않겠다는 것이다. 20~30대 자녀가 부모의 도움을 받아 신규 주택을 사들일 경우 1200만 엔(1억 3000만 원)까지 증여세가 면제된다. 돈 많은 부모가 현금을 장롱 안에 쌓아두지만 말고 자녀들에게 풀라는 취지다.

부모의 돈으로 집을 사는 데 세금을 물리지 않겠다는 것은 현재 한국에서는 국민 정서상 상상조차 힘든 일이다. 부의 부당한 대물림이라는 엄청난 비난 여론에 직면할 것이 분명하다. 현재 한국에서는 1억~5억 원의 증여가 이루어지면 20%의 세금이 부과된다. 그러나 부동산 시장이 계속 한겨울에서 벗어나지 못하면, 일본과 비슷한 고민을 하게 될는지도 모른다.

4저불황의 먹구름

한국 경제는 저유가·저금리·저달러의 3저현상
으로 1986~1988년의 3년 동안 단군 이래 최대의 호황을 누렸다. 3저
란 정확히 말해 국제유가와 국제금리, 엔-달러 환율이 동시에 내려가
는 현상을 말한다. 수출-제조-대기업 우선의 불균형 성장 전략은 늘
몇 가지 위협요인에 시달려야 했다. 첫째, 상품제조에 필수불가결한 석
유를 전량 수입해야 했던 관계로 국제유가 인상은 늘 경계의 대상이었
다. 1970년대 두 차례의 오일쇼크는 그야말로 악몽이었다. 둘째, 자금
을 국내에서 충분히 조달하기 힘들어 외자를 많이 도입하였는데 원리
금 상환은 외채망국론이 나올 정도로 큰 부담으로 작용했다. 리보금리
London Inter-bank Offered Rates는 세계 각국의 국제간 금융 거래의 기준금

리로 활용되고 있는데 신용도가 낮을 경우 가산금리Spread가 붙는다. 한국은 가산금리를 내야하는 처지였다. 셋째, 수출할 것보다는 수입할 것이 많았기에 만성적 무역수지 적자를 면키 어려웠다.

그런데 의외의 호기가 찾아왔다. 1985년 9월의 플라자 합의에 따라 각국의 통화는 평가절상되었는데, 일본의 엔화가 70% 이상 절상되고 대만의 원화가 36% 이상 절상되는 동안 한국의 원화는 11.2% 절상되는 데 그쳐 수출경쟁력이 강화되었다. 수출은 1986년 이후 한동안 연 평균 30% 이상의 급격한 신장세를 나타냈다. 더불어 1985~1986년 사이 국제원유가가 배럴당 28달러에서 14달러로 폭락했고, 1차 원자재의 국제가격 역시 평균 12% 이상 하락했다. 이는 원화절상으로 인한 원자재 도입가격 하락으로 이어져 기업의 비용을 절감시켰다. 또한 1970년 대 오일쇼크 이후 세계 주요국들이 경기 침체에서 벗어나고자 저금리 정책을 펴자 한국의 외채상환 부담은 줄어들었다. 국제금리의 하락은 국내금리 하락으로 이어져 기업의 자금조달 비용을 추가적으로 경감시켰다. 이상의 호기를 통해 한국 경제는 1986년 이래 3년 동안 연 10% 이상의 고도성장을 이루었고 건국 이래 처음으로 무역수지 흑자를 달성하게 되었다. 취직도 잘 돼 요즘과 같은 청년실업은 상상조차 할 수 없었다.

하지만 3저호황은 이제 아련한 옛 추억이 되었다. 고도성장 종료와 성숙 단계 진입, 성숙 단계 조기 졸업과 노화의 본격화는 한국 경제의 구조와 체질을 근본적으로 바꾸어 놓았다. 2010년대 들어 한국 경제

는 저금리·저물가·저투자·저소비의 이제껏 경험해보지 못한 4저불황
에 신음하고 있다.

역대 최저금리와 금융기관 부실화

일반적으로 금리를 인상하면 물가는 하락한다. 투자 수요가 감퇴하
여 투자재 가격이 하락하고, 민간저축이 늘어 소비 수요가 줄면서 소비
재가격도 하락하기 때문이다. 역으로 금리를 인하하면 투자와 소비가
늘어 물가는 상승하는 경향을 띤다.

고도성장기는 고금리 시대였다. 자금에 대한 수요가 늘 공급을 초과
했다. 중소기업 관계자들은 금리를 높게 받아도 상관없으니 제발 은행
문턱이라도 밟게 해달라고 하소연하곤 했다. 고도성장기에는 뭐든지
초과수요가 문제였지 수요 부족은 상상조차하기 힘들었다. 은행 문턱
을 넘지 못한 사람들은 명동의 사채시장을 찾았다.

그러나 한국 경제가 성숙을 넘어 조로 증세를 보이면서 수요-공급
관계도 근본적으로 변화하였다. 과거의 초과수요가 수요 부족으로 바
뀐 것이다. 돈에 대한 수요와 공급 역시 마찬가지다. 경기의 하강을 차
단시키고 회복을 촉진시키기 위한 수단으로 정책금리(기준금리와 콜금리)를
인하하였는데도 투자 수요와 소비 수요가 기대만큼 살아나지 않는 현
상이 한국 경제의 뉴 노멀로 자리 잡았다. 〈표 11〉에서 보듯이 1997년
이후 금리는 지속적으로 하락하여 시장금리는 역대 최저치를 기록하

고 있다. 2013년 정기예금 금리는 2%대 수준으로 떨어져 물가상승률을 감안한 실질금리는 0%대에 머물고 있다. 두 자리 수 이자율을 당연시했던 시절과 비교하면 격세지감隔世之感이다.

최근 금융통화위원회가 열릴 때마다의 관심은 현행 2.5%인 기준금리의 인하 여부다. 경기회복과 가계 부채 경감을 위해 기준금리를 더 내려야 한다는 여론이 만만치 않다. 미국의 양적완화 축소로 금리가 중장기적으로 오를 것이라는 전망이 나오기도 하나, 전술한 것처럼 한

〈표 11〉 금리 변동 추이

	국고채 3년(평균)	회사채 3년(평균)	콜금리(1일물,평균)
1997	12.26	13.39	13.14
1998	12.94	15.1	14.9
1999	7.69	8.86	4.99
2000	8.3	9.35	5.14
2001	5.68	7.05	4.7
2002	5.78	6.56	4.19
2003	4.55	5.43	3.98
2004	4.11	4.73	3.62
2005	4.27	4.68	3.32
2006	4.83	5.17	4.19
2007	5.23	5.7	4.77
2008	5.27	7.02	4.78
2009	4.04	5.81	1.98
2010	3.72	4.66	2.16
2011	3.62	4.41	3.09
2012	3.13	3.77	3.08
2013	2.79	3.29	2.59

자료: 통계청

국은 여타 신흥국과 이미 차별화되었고 경상수지 흑자 규모도 최대치를 기록하고 있어 금리의 일시적 상승은 몰라도 지속적 상승의 가능성은 높아 보이지 않는다.

금리를 인하하였는데도 자금수요가 늘지 않는 현상은 일본의 잃어버린 20년과 꼭 닮았다. 1999년 초 일본의 중앙은행인 일본은행은 경기 활성화를 위해 콜금리를 0.02%까지 떨어뜨리며 자본주의 역사상 전례가 없는 제로금리정책을 단행했다. 그러나 은행에 자금이 넘쳐나는데도 기업의 투자 수요와 가계의 소비 수요가 늘지 않아 목표달성에 실패했다. 한국의 경우 제로금리까지는 아직 2% 정도의 여유가 있어 향후 금리인하 필요성이 지속적으로 제기될 것으로 보인다. 금리인하의 명분은 내수자극을 통한 경기회복, 원화 강세 저지, 가계 부채의 원리금 상환 부담 경감 등이 될 것이다.

저금리에도 경기 침체가 계속되면 경제의 혈맥인 금융권의 수익성과 건전성이 급속히 악화될 수밖에 없다. 예대마진이 축소되고 부실채권이 증가하기 때문이다.

일본이 그랬다. 1990년대 저금리가 고착화되면서 보험회사들이 줄도산했다. 1997년 닛산생명을 시작으로 1999년 도호생명, 2000년 다이하쿠생명, 다이쇼생명, 교에이생명, 치요다생명, 다이이치화재, 2001년 도쿄생명이 줄줄이 파산했다. 연리 5% 이상의 고금리 상품으로 자금을 모아 자산운용을 했는데 수익률이 고작 2.5% 수준에 그쳐 역마진이 발생했기 때문이었다.

최근 23년간 세상을 떠들썩하게 했던 국내 저축은행들의 줄도산 사태의 경우 경영진의 도덕적 해이와 정치권과의 유착 등이 비판의 표적이 되었으나, 정작 원인제공자는 따로 있었다. 부동산 경기의 흐름을 잘못 예측한 당국의 정책실패가 저축은행 줄도산의 근원이었다. 당국이 PF대출(신용등급이나 담보 없이 프로젝트 자체의 사업성을 평가하여 돈을 빌려주고 사업의 수익금을 되돌려 받는 금융기법)을 허용하자 저축은행들은 본연의 업무인 지역주민들에 대한 대출업무는 소홀히 한 채 부동산 PF대출에 몰두했다. 저축은행 업계의 PF대출 잔액은 2005년 5조 4000억 원에서 2010년 17조 4000억 원까지 치솟았다. 그러나 부동산 경기가 침체의 늪에 빠지면서 원리금을 감당하지 못하는 시행사가 속출하자 부실채권 비율이 급증하였고 저축은행은 수익성 악화와 자본잠식에 빠지고 말았다.

금융권의 수익성 악화는 전 분야에 걸쳐 진행되고 있다. 2013년 상반기 국내 은행의 당기순이익은 전년 동기보다 2조 6600억 원 급감한 2조 9000억 원을 기록했고, 같은 기간 카드사와 보험사의 당기순이익 역시 각각 34.9%와 12.1% 감소하였다. 증권사의 2012 회계연도(2012년 4월~2013년 3월) 순이익도 1조 2300억 원으로 전년(2조 2100억 원)보다 44.3% 감소했다.

이런 추세가 지속될 경우 금융 본연의 기능인 자금 중개 기능은 약화될 수밖에 없다. 기업 및 가계의 구조조정에 따른 손실을 흡수할 능력이 없어져 금융시스템이 무너질 가능성이 커진다. 대출금의 회수 및 신규대출 중단 등 '비 오는 날 우산 뺏기'로 금융부문의 부실이 실물부

그림40 주요 금융지주사 순이익 추이

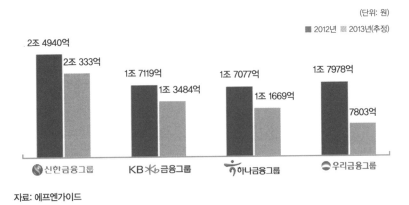

(단위: 원)

■ 2012년 ▨ 2013년(추정)

2조 4940억
2조 333억
1조 7119억
1조 3484억
1조 7077억
1조 1669억
1조 7978억
7803억

신한금융그룹   KB금융그룹   하나금융그룹   우리금융그룹

자료: 에프엔가이드

문으로 전이될 경우 불황의 늪은 더욱 깊어진다.

상황이 이렇게 돌아가자 금융감독원은 각종 수수료를 인상하는 등의 방법으로 금융회사의 수익성을 강화하는 것을 2013년 하반기 최우선 과제로 삼겠다고 나섰다. 금융회사의 수익성보다는 소비자 보호와 서민금융 강화에 치중해왔던 금감원으로서는 대단히 이례적인 일이었다. 그만큼 최근 상황이 심각하다는 것을 반증한다. 금융기관의 수익성 강화를 위한 가장 손쉬운 수단은 정책금리 인상을 통해 예대마진을 늘리는 것이나 현재와 같은 4저불황의 상황에서 어지간해서는 하기 힘든 선택이다.

저금리의 문제점은 여기서 끝나지 않는다. 이자소득의 감소로 집주인은 전세가를 올리려 하고 소비자들은 씀씀이를 줄이려 한다. 그 폐해는 고스란히 나타나고 있다.

역대 최저 수준의 물가, 디플레 직전 단계

전술하였듯이 한국의 수출은 엔저공습에도 불구하고 2013년 사상 최대실적을 기록했다. 일반적으로 수출이 증가하면 관련 산업 종사자들의 소득이 늘어나고 소비가 증가함으로써 물가는 상승하는 경향이 있다. 금리가 내려가도 투자와 소비가 증가하여 물가가 상승하는 것이 일반적이다.

그러나 최근 한국 경제는 경제학의 이러한 상식과는 정반대로 움직이고 있다. 2013년 소비자물가 상승률은 전년 대비 1.3%로 1999년(0.8%) 이래 14년 만에 최저치를 기록했다. 전년 동월 대비 상승률은 2012년 11월부터 1%대에 진입하여 2014년 3월까지 16개월째 1%대 행진이 이어지고 있다. 외환위기 여파로 1999년 1월부터 다음 해 2월까지 13개월째 1%대 상승률이 지속된 이래 신기록을 경신한 것이다. 소비자물가 상승률의 둔화는 한국은행이 제시한 물가안정 범위(2.5~3.5%) 하한선을 한참 밑돌고 있다.

선진국과 비교해보면 한국의 저물가가 심각하다는 것이 보다 명확하게 드러난다. 한국의 2012년 소비자물가 상승률(2.2%)은 OECD 회원국 평균(2.3%)보다 낮았고, 2013년 역시 마찬가지였다.

그런데 소비자물가에 선행한다는 생산자물가는 2012년 10월에 전년 동월 대비 -0.5%를 기록한 이후 2014년 2월까지 17개월째 마이너스 행진을 이어가고 있다. 2012년 6월 0.0%, 7월 -0.6%, 8월 -0.1%를 기록한 후 9월에 0.2%로 잠시 플러스 전환한 뒤 다시 마이너스로 돌아선 것까지 포함한다면, 생산자물가의 하락 추세는 21개월째 지속되고 있다. 연간 기준으로는 2012년에 비해 1.6% 하락하였다. 전월 대비 생산자물가가 16개월 연속 마이너스를 기록한 것은 전례가 없던 일이다.

그림41 소비자물가 상승률

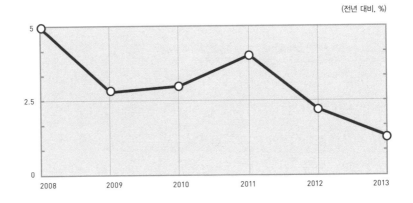

(전년 대비, %)

자료: 통계청, 「소비자물가지수」

전술하였듯이 한국 경제는 지금 1990년대 초 버블 붕괴 이후 1999년 디플레에 진입하기까지 일본 경제가 갔던 길의 어딘가를 통과하고 있다. 디플레는 경기가 하강하면서 물가도 하락하는 현상으로, IMF는 디플레를 2년 정도 물가하락이 계속돼 경기가 침체되는 상태로 정의한다. 소비자물가 상승률이 1%대로 둔화되기는 했으나 아직 물가 자체가 하락하고 있는 것은 아니므로 한국 경제가 디플레단계에 진입했다고 할

그림42 월별 생산자물가 상승률

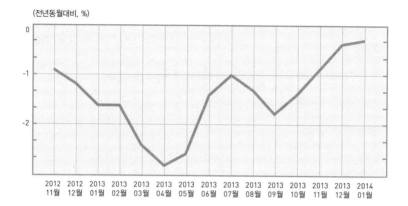

(전년동월대비, %)

주: 나라지표
자료: 한국은행, 「생산자물가지수」

수는 없다. 그러나 선행지수 역할을 하는 부동산 가격이 2010년 이후 하락하고 있으며, 생산자물가도 2012년 6월 이후 21개월 동안 하락 추세에 있기 때문에 가까운 시일 내에 한국 경제가 디플레에 진입한다고 해도 전혀 놀랄 일은 아니다. 그런 점에서 한국 경제는 디플레 직전 단계까지 와 있는 것이 틀림없다.

　그런데도 정책 당국의 상황인식은 안이하기 짝이 없다. 기획재정부는 2013년 상반기의 소비자물가 상승률 둔화를 국제유가 및 곡물가의 안정 그리고 무상보육 실시 등의 특수요인에 의한 일시적인 현상으로 간주하며 하반기부터 다시 상승 추세로 돌아설 것이라고 전망하였으나, 오히려 더 낮아졌다. 2014년 소비자물가 상승률을 전년 대비 2.8%

로 전망하고 있으나, 기획재정부의 희망대로 될지는 미지수다. 한국은행 역시 3% 안팎의 기대 인플레이션 심리를 언급하며 물가상승에 대비해야 한다며 기획재정부와 보조를 맞추고 있다. 디플레가 우려되는 상황이 아니라는 것을 강조하려다 보니 냉정한 현실 인식보다는 희망적 사고의 유혹에 빠지고 있는 것이다.

그러나 구시대의 낡은 잣대로 현재를 진단하는 것은 대단히 위험하다. 한국 경제의 발전단계는 완전히 바뀌었다. 고혈압을 걱정하던 시대에서 저혈압을 걱정해야 하는 시대가 된 것이다. 1980년대 중후반의 3저호황과 지금의 4저불황을 비교해보자. 저유가·저금리·수출호조라는 현상에는 변함이 없다. 그런데 왜 그때는 호황이고 지금은 불황인가? 왜 그때는 인플레를 걱정했는데 지금은 디플레를 걱정하는가? 대개 디플레는 수요 측면에서 비롯된다. 소비와 투자가 줄어 물가가 떨어지는 것이다. 3저호황은 초과수요가 시대적 배경이었지만, 현재의 4저불황은 수요 부족이 원인이 되고 있다. 라가르드 IMF 총재가 글로벌 경기에 민감하게 반응하는 한국 경제의 취약성을 극복하기 위해 내수를 키워야 한다고 조언한 것도 이 때문이다.

수요 부족은 비단 한국 경제만의 문제가 아니다. 일본의 잃어버린 20년이 그랬고 지금 세계경제도 그러하다. 경제예측과 투자전략의 권위자인 미국의 해리 덴트는 향후 10년간 세계경제는 지금보다 더 깊은 경기 하강과 디플레를 경험하게 될 것이라며, 지금은 80년마다 한 번씩 찾아오는 '경제의 겨울'이라고 규정했다. 그는 한국의 소비 흐름은

2010년에 정점에 도달했다고 분석했다.

2014년 국제유가는 1.7% 하락하고 국제곡물가도 하향 안정세를 보일 것으로 전망된다. 무상보육은 2차 년도에 들어서기 때문에 더 이상 물가하락 요인으로 작용하기 힘들다. 만일 2014년 물가동향이 전년도와 비슷하거나 더욱 둔화될 경우 기획재정부는 또 특수요인 운운하며 한국은 디플레와 무관하다고 할 것인지 궁금해진다.

물가안정은 거시경제 운영의 주요 목표 중 하나였다. '물가가 잡혔다'는 말은 곧 서민들의 생활비 부담이 줄어든다는 것을 의미했다. 정통성이 취약한 5공화국 정권이 물가안정을 경제정책의 핵심 목표로 삼은 것도 그런 연유에서였다. 하지만 최근의 저물가는 양상이 전혀 다르다. 한국 경제가 노화단계에 들어서면서 소비와 투자의 수요 부족으로 발생하는 현상이다. 근로자들의 실질소득 감소, 자산가치의 하락, 저금리로 인한 이자소득의 축소 등이 만성적 수요 부족을 야기하고 있다. 1000조 원을 넘어선 가계 부채는 소비를 더욱 위축시키고 이로 인한 내수침체가 저물가 현상을 심화시키는 악순환의 메커니즘이 작동하고 있다. 바닥을 기는 물가상승률은 부채의 실질 부담을 감소시키지 못해 가계 부채에 허덕이는 사람들을 더욱 힘들게 만든다. 기업은 물건이 팔리지 않으니 투자를 기피하고 임금을 줄이거나 기존 노동자를 해고하는 식으로 움직인다. 상황이 이러한데도 기획재정부의 한 고위관계자는 2013년 물가상승률을 당초 예상치인 2.3%보다 훨씬 낮은 1.3%로 안정시킨 것을 현오석 경제팀의 업적으로 꼽았다.[22] 5공화국에 살고 있는 사람으로 보인다.

투자 빙하기

저금리 기조에도 불구하고 은행예금 잔액이 가파르게 늘면서 2013년 10월 기준 56개 예금은행의 평균 예금 잔액은 1001조 4370억 원으로 사상 최초로 1000조 원을 돌파했다. 같은 해 가계 부채가 1000조 원을 돌파해 해당 가구의 자금여력이 줄어들었지만, 다른 한편으로 여유 자금들이 마땅한 투자처를 찾지 못해 은행예금에 돈을 묻어두고 있는 것이다. 그중에서도 단기성 예금이 급증했다. 2013년 10월 기준으로 보통예금, 당좌예금 등 요구불예금은 전년 동월 대비 13.4% 증가한 반면, 정기 예적금 등 저축성예금은 2.7% 증가에 그쳤다. 특히 기업예금 잔액은 2013년 10월 현재 305조 1004억 원으로 2007년 10월의 148조 9870억 원 이후 6년 만에 두 배 이상 증가했다. 이익이 나도 수익금을 사내 유보금으로 적립해두고 있는 것이다. 금융투자업계에 따르면 2013년 국내주식형 펀드의 수익률은 1.2%로 소비자물가 상승률과 동일하였다. 증시가 이렇게 부진하고 부동산은 하락 추세이니 저금리에도 불구하고 은행예금이 늘어나고 있는 것이다.

---

22 '경제부총리 리더십 실종……가계 부채·청년고용 손도 못 대', 《매일경제신문》, 2014년 1월 25일.

유동성이 풍부한데 투자를 기피하는 현상은 설비투자 동향을 통해 확인된다. 설비투자란 기업이 장단기 경영계획하에 재생산을 목적으로 기계장치, 운반차량 및 건물 등의 설비를 도입하는 것을 말한다. 설비투자는 소비, 수출 등과 함께 GDP 구성하는 주요 항목으로 자본재에 대한 수요 증가를 통해 관련 산업의 생산활동을 증대시키고, 이것이 다시 고용증대 및 소득증가로 연결되어 소비의 증가를 가져온다. 소비 수요 증가는 다시 소비재의 생산활동을 증대시켜 GDP 상승에 기여한다.

설비투자 증감률은 2012년 −1.9%, 2013년 −1.5%로 2년 연속 마이너스를 기록했다. '투자 빙하기'라는 말이 나올 정도로 얼어붙어 있다. 건설투자도 부진하여 전년 대비 증감률은 2010년 3.7%, 2011년 4.7%,

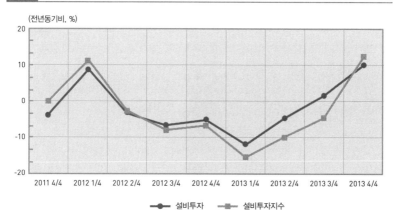

그림43 설비투자 동향

자료: 통계청

2012년 2.2%로 3년 연속 마이너스를 기록한 후 2013년 6.9%로 플러스 전환했다. 세종시로의 정부부처 이전, 원전사고로 인한 화력발전소 건설, 수도권 주변 아파트 개발 등 일시적 요인들이 영향을 미친 것으로 보인다.

2013년 상반기 30대 그룹의 투자실적은 61조 8000억 원으로 전년 동기(69조 원) 대비 10.4% 감소하였다. 연초 앞 다투어 연간 투자계획을 발표하던 관행도 사라지고 있다. 2010년부터 매년 투자 및 고용계획을 공표해왔던 삼성그룹은 2013년부터 투자계획을 발표하지 않고 있으며, 현대자동차그룹도 2013년부터 공표하지 않고 있다. 2013년 20조 원의 투자계획을 발표했던 LG그룹은 2014년에는 공식 발표하지 않을 것으로 알려졌다.

박근혜 대통령은 2013년 7월 "투자하는 분들은 업고 다녀야 한다"며 투자를 독려했다. 정부는 각종 규제완화, 설비투자 정책금융 확대 등 세 차례에 걸쳐 각종 투자 활성화 대책을 쏟아냈지만, 실적이 미미하다. 설비투자의 성장 기여도는 2013년 1분기 0.2%포인트에서 2분기 0%포인트로 떨어졌다. 성장률은 1분기 0.8%에서 2분기 1.1%로 상승했지만 투자는 아무런 역할을 하지 못하고 오히려 경기회복에 걸림돌이 되고 있다.

1997년 외환위기 이후 한국 기업들은 장기적인 설비투자를 보류하는 등 보수적인 경영전략을 펴왔다. 2001년부터 2012년까지 연평균 설비투자 증가율은 3.4%에 불과하다. 반면 내국인의 해외 직접투자는

2000년 53억 달러에서 2011년 258억 달러로 급증했다. 해외투자의 증가가 국내투자를 위축시키는 **구축효과**驅逐效果, Crowding-out Effect가 발생하고 있는 것이다. 《조선일보》 2013년 7월 2일 자 6면에 실린 '한국 제조업 변신 중'이라는 기사는 제조 대기업의 경영전략 변화를 다루고 있다. 생산기지의 해외 이전이 가속화되면서 국내는 R&D기지로 변모하고 있다는 것이다. 기업들의 생산기지 해외 이전과 국내투자 기피에는 경직적 노사관계, 과도한 규제, 반反기업정서 등 여러 가지 이유가 있을 것이다. 그러나 가장 중요한 것은 국내 생산보다 해외 생산이 유리하다는 기업 자체의 판단이다. 해외에서 한국으로 들어온 외국인직접투자액이 한국 기업이 해외에 투자한 금액의 절반에 못 미치고 있는 것도 이러한 연유에서다. 한국에 대한 투자가 늘려면 국내 경기가 좋아질 것이라는 확실한 전망이 있어야 하나, 지금처럼 소비가 위축되고 규제가 겹겹이 쌓여 있는 상황에서는 쉽지 않은 일이다.

소비 빙하기

낮은 금리와 낮은 물가는 소비를 늘려야 정상이다. 그러나 한국 경제는 정반대의 현상이 지속되고 있고, 그것이 뉴 노멀, 새로운 정상으로 인식되고 있다. 민간소비가 GDP에서 차지하는 비중은 2000년 56%에서 2013년 50.6%로 하락하였다. 통계청에 따르면 2012년 3분기부터 2013년 3분기까지 실질소득증가율은 전년 동기 대비 각각 4.6%,

3.6%, 0.3%, 1.3%, 1.6%였으나, 실질소비증가율은 각각 −0.7%, −0.3%, −2.4%, −0.4%, −0.1%였다. 실질소득이 완만하게나마 증가하는데 실질소비는 5분기 연속 감소한 것이다.

통계청의 「2013년 연간 가계동향」에 따르면 2013년 가구당 월평균 소비지출은 248만 1000원으로 전년 대비 0.9% 증가하는데 그쳤다. 연간 소비지출 증가율이 1% 아래로 떨어진 것은 통계가 발표되기 시작한 2004년 이후 처음이다. 실질소비지출 증가율은 −0.4%였다. 평균 소비성향은 73.4%로 2003년 통계 작성 이래 가장 낮았다. 쓸 수 있는 돈이 100만 원인데 73만 원만 쓴 것이다.

과소비를 걱정하던 시절이 있었다. 1990년대에는 집권 여당이 나서 과소비추방범국민운동을 벌이기도 하였다. 그다지 먼 과거의 일이 아님에도 호랑이 담배 먹던 시절의 이야기로 들린다. 3저호황의 호시절은 아련한 추억이 되었고 닫혀버린 지갑은 좀처럼 열리지 않고 있다. 백화점 매출증가율은 2005년 이래 8년 만에 2012년 −0.3%로 마이너스를 나타냈으며, 대형마트도 −3.3%로 최근 8년 동안 가장 낮은 수치를 기록하고 있다. 2012년부터는 판매 전략이 고가의 백화점에서 중저가의 아울렛 중심으로 변모하고 있다. 신헌 롯데백화점 대표는 "과거 외환위기나 카드대란이 소나기였다면 지금은 장마와 같다"고 했다.

불황을 기회로 성장한 중저가 화장품 브랜드숍과 SPA(제조·유통 일괄형 의류) 브랜드마저 세일이 아니면 매출이 흔들리고 있다. 부자들은 눈치가 보여 안 쓰고 중산층은 없어서 못 쓰는 소비의 빙하시대가 온 것이

그림44 소비 동향 추이

(전년 대비, %)

민간소비(국내총생산) 소매판매액.계

자료: 한국은행 「국민소득」, 통계청 「산업활동동향」

다.[23] '1000원 마케팅'이 급속도로 늘어나고 있다.

소득 대비 소비지출이 높을 수밖에 없는 중산층과 서민의 급여가 줄고, 재벌과 수퍼리치의 소득이 늘면 소비의 위축은 불가피하다. 고가 사치품 등 기호품의 판매는 늘어도 필수품 소비는 줄어들기 때문이다.

의료계도 불황으로 속이 곯고 있다. 피부과나 성형외과 등 건강보험이 적용되지 않는 수술을 많이 하는 병원들이 특히 안 좋다. 여러 진료를 한데 묶은 패키지로 가격을 내리는가 하면, 친구와 함께 오면 30%

23 '1% 부자도 중산층도 소비 빙하기', 《중앙일보》, 2013년 8월 19일

할인해주는 병원도 생겼다. 카카오톡으로 150만 원짜리 라식 수술을 60만 원에 해준다는 광고까지 나올 정도다. 건강보험이 적용되는 경우도 불황의 늪이 깊은 건 마찬가지다. 원격의료와 영리 자회사 허용 반대를 명분으로 집단휴진을 강행한 의료계의 진짜 관심사는 의료수가 인상이었다. 건강보험 흑자는 2011년 이후 급속도로 늘어나고 있다. 보험료 수입에 비해 지출이 줄었기 때문이다. 아파도 당장 치료가 급한 병이 아니면 병원에 가지 않는 사람들이 그만큼 늘었다는 증좌다. 전형적인 불황형 흑자인 셈이다.

소비 빙하기의 주요 원인은 몇 가지로 집약된다. 첫째, 가계 부채의 빠른 증가다. 통계청과 금융감독원, 한국은행이 전국 2만 가구의 가계 수지를 표본 조사한 '가계금융복지 조사결과'에 따르면, 소득 대비 가계

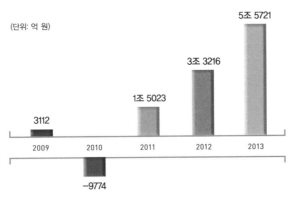

그림45 늘어나는 건강보험 흑자

(단위: 억 원)

5조 5721

3조 3216

1조 5023

3112

2009   2010   2011   2012   2013

−9774

주: 2013년은 9월말 기준
자료: 건강보험공단

부채 원리금 상환액의 비율은 2012년 17.1%에서 2013년 19.5%로 증가했다. 100만 원을 벌어 20만 원을 빚 갚는 데 쓰고 있는 것이다. 최근 나타나는 소비 위축의 특징 중 하나는 소비와 저축의 동시하락이다. 전술하였듯이 가계저축은 세계 최고 수준에서 OECD 최저 수준으로 추락하였다. 그런데 소비도 줄고 있다. 경제원론은 소비가 늘면 저축이 줄고, 소비가 줄면 저축이 늘어난다고 가르친다. 한국은 예외 국가가 된 것이다. 가계 부채의 급속한 증가로 원리금 상환 부담이 늘어나면서 저축과 소비의 동시축소 현상이 발생하고 있는 것이다.

둘째, 치솟는 전세가가 소비를 질식시키고 있다. 한국은행의 1990년 1분기부터 2013년 1분기까지의 실증분석 결과, 전셋값이 1% 오르면 소비는 0.37% 감소하는 것으로 나타났다. 셋째, 노후 생활에 대한 불안감 확대다. 저금리, 자산가치 하락, 고용불안, 기대여명 증가 등으로 은퇴 이후의 삶에 대한 불안이 커지고 있다. 이의 여파로 불투명한 미래에 대한 두려움에 소비를 줄여 연금, 보험 등의 저축액을 늘리는 이른바 '불안저축'이 늘어나고 있다. 주식공모펀드는 2008년 138조 원에서 2013년 7월 말 현재 81조 원으로 급감한 반면, 퇴직연금·연금저축·개인연금과 같은 사적 연금은 2008년 123조 원에서 2012년 말 282조 원으로 급증했다. 고령화에 따른 자산 배분의 보수화 경향이 뚜렷해지고 있는 것이다.

소비 위축은 특정 연령층에 국한되지 않고 전방위적으로 진행되고 있다. 특히 눈에 띄는 것이 젊은 층의 행태 변화다. 이 역시 한일 양국

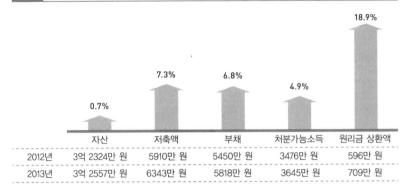

그림46 가계 재무건전성 변화

	자산	저축액	부채	처분가능소득	원리금 상환액
2012년	3억 2324만 원	5910만 원	5450만 원	3476만 원	596만 원
2013년	3억 2557만 원	6343만 원	5818만 원	3645만 원	709만 원

주: 전국 2만 가구 조사 평균
자료: 통계청

의 유사성이 관찰된다. 일본 JMR생활종합연구소 대표인 마츠다 히사카즈松田久一는 가라오케와 마이카 등에 과감하게 돈을 쓰던 이전 세대와 비교해 1980년 전후에 태어난 젊은이들을 '소비 혐오 세대'라 명명하기도 했다. 이들에게 '소비는 악惡, 사치는 적敵'이다.[24]

일본에서는 이러한 상황에 놓인 세대를 '사토리 세대'라 부르기도 한다. 우리말로는 '득도得道의 세대, 깨달음의 세대'라는 뜻이다. 사토리 세대는 거품 붕괴 후유증과 장기불황을 온몸으로 느끼며 유년기와 청소년기를 보낸 세대를 말한다. 즉, 절망적인 상황에서 어떤 꿈과 목표

---

24 「'嫌消費'世代の研究」, 《東洋經濟新聞社》, 2009년.

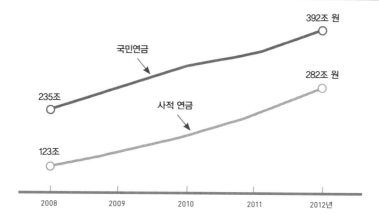

우리나라 연금 관련 자산 증가 추이

392조 원

국민연금

282조 원

235조

사적 연금

123조

2008 2009 2010 2011 2012년

주: 사적 연금에는 퇴직연금, 연금저축, 기타 개인연금 등이 포함
자료: 국민연금공단, 고용노동부, 주택금융공사, 금융감독원, 금융투자협회

도 실현하기 어렵다는 것을 너무 일찍 깨달아버린 세대로 이들은 성직자들처럼 소비에 무관심하다. 자동차를 사려 하지도 않고, 명품 옷을 입으려 하지도 않으며, 스포츠도 안 하고, 술도 안 마시고, 여행도 안 간다. 또 연애나 결혼에도 관심이 없고 돈을 많이 벌겠다는 의욕도 없으며 주목받는 일을 할 생각도 없다. 일본 교통공사에 따르면 사토리 세대의 등장으로 일본의 20대 해외 여행객은 2000년 420만 명에서 2012년에는 290만 명으로 크게 줄었다. 또 일본자동차공업협회가 조사한 결과에 따르면, 20대 초중반의 운전면허 취득자 중 실제로 운전하는 비율은 1999년 74.5%에서 2007년 62.5%로 감소했다.

한국에서도 취업과 연애, 결혼을 포기한 삼포세대가 일본의 사토리 세대와 비슷한 양태를 보이고 있다. 버블 붕괴가 사토리 세대를 낳았다면 IMF 외환위기가 삼포세대를 낳았다. 삼포세대는 IMF 에코세대다. 2014년 1월 9일 《동아일보》 경제면에 '3040은 지금 추억 쇼핑 중'이라는 흥미로운 기사가 실렸다. 기사는 이들의 소비행태를 '조로형 소비'라 규정했다. 이 세대는 대학 졸업 후에는 외환위기로 취업에 어려움을 겪고, 내 집 장만을 할 시기에는 글로벌 금융위기로 고통을 경험한 세대다. 취업, 결혼, 내 집 마련에 어려움을 겪은 이들이 젊은 나이에도 불구하고 조로형 소비를 시작했다는 것이다.

그림48 복고형과 조로형 소비 비교

	복고형 소비	조로형 소비
연령대	현재 50~60대	현재 30~40대
청년기	1970~1980년대	1990년대
특징	젊은 시절의 '나'를 추억	막막한 현실 도피, 지난 '시절'을 동경
세대를 상징하는 품목	통기타, 포크송, 나팔바지 등	구제 청바지, 더플코트, 삐삐, CD 등

최근 대한민국 유통업체들은 '세일 신드롬'에 빠졌다. 롯데, 신세계, 현대 등 대형 백화점 3사가 2013년 진행한 세일 기간은 101일이다. 3일에 한 번 꼴로 세일을 한 셈이다. 국내 화장품 업계엔 '365일 세일'이라는 꼬리표가 붙은 지 오래다. 본래 반값이 콘셉트인 소셜커머스 업체들은 구매액의 50%를 포인트로 돌려주거나 일정 금액 이상을 구매하면

추가 할인을 해준다. 이처럼 온·오프라인 업체를 막론하고 할인 경쟁이 이어지고 있다. 노세일을 고수하던 명품 브랜드나 고가의 아웃도어 브랜드까지 가세해 할인을 하지 않는 곳을 찾기가 어려울 지경이다.

기업들이 수익을 내기 위해 가격 할인 전략을 택하는 건 자연스러운 현상이다. 문제는 가격을 내린 만큼 수요가 늘어나는가 하는 점이다. 할인이 일상화되면 수요는 자극받지 않을 수 있다. 가격파괴 경쟁에 나섰던 일본 업체들의 실패 사례가 이를 입증해준다.

부채 축소가 본격화되면
'대차대조표 불황'

한국 경제의 최대 뇌관, 가계 부채

외환위기 이후 대부분의 경제지표가 저공비행을 하고 있음에도 높은 성장률로 고공비행을 하고 있는 것이 두 개 있다. 수출과 가계 부채다. 수출은 1998년부터 2013년까지 네 배 조금 더 늘어났는데, 가계 부채는 〈그림 49〉에서 보는 것처럼 다섯 배 이상 늘어났다. 가계 부채의 증가속도가 가장 빠른 것이다. 가계 부채는 2013년 말 1012조 원으로 1000조 원을 넘어섰다.

한국은행이 2013년 7월 3일 국회 가계 부채 정책청문회에 제출한 보고서에 의하면, 가계대출이 급증한 첫 번째 원인은 외환위기 여파로 급

그림49

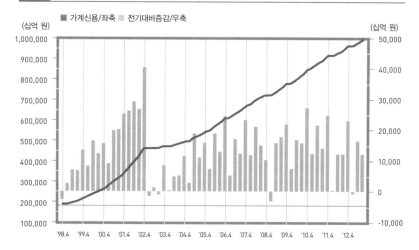

■ 가계신용/좌축 ▨ 전기대비증감/우축

(십억 원)   (십억 원)

자료 : 한국은행

락했던 주택 가격이 2000년대 들어 가파른 상승세를 보임에 따라 주택
가격 상승 기대가 확산되면서 주택 구입을 위한 차입이 대폭 증가했기
때문이다. 특히 주택 가격 급등기인 2005~2007년 가계 부채비율이 큰
폭으로 상승하였다.

둘째, 금융기관이 기업 대출 여건 변화 등에 따라 가계대출 확대에
노력한 점도 작용하였다. 신용도가 좋은 대기업의 경우 여유자금 확대
및 직접금융시장을 통한 자금조달 증가 등으로 대출수요가 줄어들자
은행이 가계대출을 늘렸다는 것이다.

이렇듯 폭증하는 가계 부채에도 불구하고 한국은행과 기획재정부 등
정책 당국은 가계 부채가 단기간 내에 대규모로 부실화될 위험성은 낮

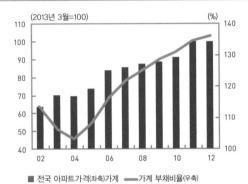

그림50 | 주택 가격 및 가계 부채비율

주: 가계신용 기준
자료: 한국은행, 국민은행

아 관리가능한 수준이라는 입장을 고수하고 있다. 첫째, 가계 부채의
총량은 늘었지만, 증가속도는 둔화하고 있기 때문이라는 것이다. 둘째,
소득 4~5분위(상위 40%) 가구가 전체 가계 부채의 71% 정도를 보유(2012
가계금융·복지조사)하고 있고, 가계대출의 LTV[25] 비율(2013년 4월, 9개 은행 주택
담보대출 기준)이 49%, 연체율이 1%(2013년 2월, 예금은행 기준)로 낮은 수준으
로 유지되고 있기 때문이라는 것이다. 마지막으로 리먼 쇼크 당시의 미
국과 같은 주택 가격 폭락은 없을 것이므로 대출상환 불능으로 인한
금융시스템 리스크로 전이될 가능성은 낮다는 것이다.

  그러나 이러한 시각에 대해 여러 가지 각도에서 반론이 제기되고 있

---

25 Loan To Value ratio. 담보가치(주택 가격) 대비 대출 비율.

그림51 가계 및 기업 대출

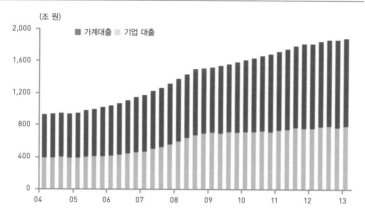

(조 원)

2,000 ── ■ 가계대출 ▨ 기업 대출

주: 자금순환표 기준
자료: 한국은행

다. 첫째, 가계 부채의 증가속도는 더뎌졌지만, 여전히 소득 증가율을
상회하고 있어 위험도가 감소한 것이 아니라 증가하고 있다는 것이다.
실제 한국은행도 이 같은 사실을 인정하고 있다.

둘째, 은행의 리스크 관리 강화 영향으로 금리가 상대적으로 높은
비은행 대출 비중이 확대되면서 저소득 저신용층의 원리금 상환 부담

〈표 12〉 처분가능소득[1] 대비 가계 부채비율[2] 추이

(%)

2007	2008	2009	2010	2011	2012
122.0	125.2	128.9	131.1	135.0	136.3
(145.7)	(149.7)	(154.1)	(158.0)	(162.9)	(163.8)

주: 1) 국민계정상 개인부문 명목 처분가능소득.
   2) 가계신용, ( )는 자금순환표상 가계 및 비영리단체의 금융 부채 잔액 기준
자료: 한국은행

그림52 주요국 가계 부채 상환능력

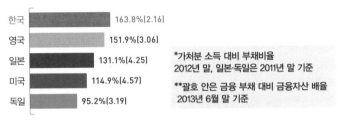

한국	163.8%(2.16)
영국	151.9%(3.06)
일본	131.1%(4.25)
미국	114.9%(4.57)
독일	95.2%(3.19)

*가처분 소득 대비 부채비율
2012년 말, 일본·독일은 2011년 말 기준

**괄호 안은 금융 부채 대비 금융자산 배율
2013년 6월 말 기준

자료: 한국은행

은 오히려 증가했다는 것이다. 2010년 말부터 3년간 은행 대출이 50조 원 늘어난 데 비해 비은행 대출은 120조 원 가까이 증가했다. 2013년 4월 기준 대출 금리는 은행이 4.4%, 신협이 6.0%, 저축은행이 14.8%, 대부업체가 27.1%다.

⟨표 13⟩ 가계대출[1]중 비은행 비중

(%)

| 2010 | 2011 | 2012 | | | | 2013 |
		3	6	9	12	3
45.6	47.1	47.5	47.7	48.1	48.4	49.1

주: 1) 가계신용 통계 중 가계대출(가계신용에서 판매신용을 제외한 수치) 기준
자료: 한국은행

셋째, 생계 목적의 대출 비중이 높아지고 전세가격 급등의 영향으로 임대차 관련 대출 비중도 상승하는 등 생계형 차입수요가 확대되고 있다는 점이다. 생활비·사업자금 등 생계형 대출의 비중은 2010년 44%에서 2013년 3월 56%로 늘었고, 주택 임대차용 비중은 2010년 2%에

서 2013년 3월 6%(9개 은행 신규 취급액 기준)로 늘었다.

2013년 통계청이 발표한 가구주 연령계층별 신용부채 상세 현황에 따르면, 생애 주기별로 빚을 지는 모습이 뚜렷하게 나타난다. 20대는 전월세 보증금 마련을 위해 가장 많이 대출을 받았고(46.8%), 결혼과 육아가 시작되는 30대에는 생활비 마련을 위해 대출을 받는 비중(24.3%)이 가장 높았다. 직장에서 떨어져나가기 시작하는 40대(35.5%)와 50대(45.1%), 60대 이상(37.2%)은 사업자금을 마련하기 위한 빚이 가장 많았다.

이처럼 가계 부채는 정책 당국의 설명처럼 안심할 수 있는 수준이 결코 아니다. 2012년 가계금융 복지조사에 의하면, 처분가능소득 대비 원리금 상환액 비중이 40%를 넘는 과다 채무가구가 약 150만으로 전체 가구의 14%를 넘는다. 이들의 부채총액은 전체 가계 부채의 33%에 이른다. 세 곳 이상으로부터 대출을 받은 다중채무자 비중도 16.6%에 이

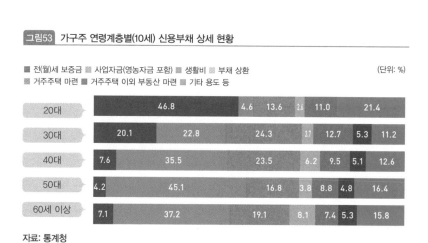

그림53 가구주 연령계층별(10세) 신용부채 상세 현황

■ 전(월)세 보증금 ▨ 사업자금(영농자금 포함) ▨ 생활비 ▨ 부채 상환   (단위: %)
▨ 거주주택 마련 ▨ 거주주택 이외 부동산 마련 ▨ 기타 용도 등

연령	전(월)세 보증금	사업자금	생활비	부채 상환	거주주택 마련	거주주택 이외	기타 용도 등
20대	46.8	4.6	13.6	2.6	11.0		21.4
30대	20.1	22.8	24.3	3.7	12.7	5.3	11.2
40대	7.6	35.5	23.5	6.2	9.5	5.1	12.6
50대	4.2	45.1	16.8	3.8	8.8	4.8	16.4
60세 이상	7.1	37.2	19.1	8.1	7.4	5.3	15.8

자료: 통계청

른다. 빚을 내어 빚을 갚고 있는 수렁에 빠져 있는 것이다. 이들 중 경기 변동에 상대적으로 영향을 많이 받는 자영업자가 다수 포함되어 있다는 사실 또한 심각성을 더해준다. 금리가 높은 무담보대출이 2013년에 전년 대비 5조 3000억 원이나 늘어난 것 역시 불길한 징조다.

영국의 경제일간지 《파이낸셜타임스Financial Times》는 한국의 가계 부채 문제가 2008년 미국의 서브프라임 모기지(비우량 주택담보대출) 사태 초기보다 훨씬 더 심각하다고 2012년 8월 21일 보도했다. 한국의 가처분 소득 대비 가계 부채비율은 164%에 달해 금융위기가 발발했던 2008년 미국의 130%보다도 훨씬 높은 수준을 기록하고 있다는 것이다. OECD 평균은 134.8%이고 미국은 2012년 114.9%로 낮아졌다. 그러나 현오석 경제부총리는 2013년 10월 국회 답변에서 "가계 부채 문제는 규모나 증가 속도, 금융시스템 등으로 볼 때 아직 위기상황이라고 보지 않는다"고 하여 극명한 인식 차이를 드러냈다. 매우 안이한 상황 인식이다. 정책 당국은 가계 부채 문제를 금융시스템 리스크라는 협소한 관점에서 바라보면 안 된다. 가계 부채는 4저불황을 심화시켜 한국 경제를 디플레의 늪에 빠뜨릴 최대 뇌관이 될 수 있다.

부동산 경기 활성화냐 가계 부채 축소냐

박근혜 정부는 출범 이후 2013년 4월 1일, 7월 24일, 8월 28일, 12월 3일 모두 네 차례 부동산대책을 내놓았다. 부동산 경기 침체를 내수 침체의 핵심 원인으로 보고 거래시장을 활성화시키겠다는 취지였다. 관련 세금을 내리거나 집을 살 때 돈을 좋은 조건으로 빌릴 수 있게 해줌으로써 전세수요를 구매수요로 돌리는 데 초점이 맞추어졌다. 예를 들어 8·28대책의 경우 취득세 영구 인하, 국민주택기금의 근로자·서민 구입자금 지원 확대, 1%대 저리 자금을 지원하는 새로운 방식의 주택 구입 지원제도 도입, 모기지 보험 가입대상 확대 등이 주요 내용이었다.

부동산 경기를 살리려는 정부의 의지는 평가받아 마땅하다. 역자산 효과의 차단을 위해서도, 내수 활성화를 위해서도 부동산 경기는 살아나야하기 때문이다. 특히 '거래절벽'이라는 말이 나올 정도로 꽁꽁 얼어붙어 있는 매매시장을 활성화시키는 것은 매우 중요하다.

그런데 정부의 이러한 정책은 의도하지 않은 결과를 낳고 있다. 거래 활성화를 위한 각종 유인책이 가계대출을 증가시키고 있는 것이다. 한국은행이 2014년 1월 8일 발표한 '2013년 12월 중 금융시장 동향'에 따르면, 은행권 가계대출(모기지론 양도 포함)은 2013년 12월 말 전월 대비 2조 3000억 원 증가했다. 취득세 면제, 신규 미분양 주택 구입자 양도세 5년 면제 등 한시적 세제종료 혜택을 앞두고 주택거래가 호조를 보이면서 주택담보대출(모기지론 양도 포함)이 전월보다 2조 2000억 원 늘어난 것이 결정적 역할을 했다. 2013년 6월에도 은행의 가계대출(모기지론 양도 포함)이 전월 대비 5조 8000억 원이나 증가한 적이 있다. 6월 말 취득세 감면 종료를 앞두고 주택거래량이 급증하면서 주택담보대출(모기지론 양도 포함)이 4조 9000억 원이나 증가하였기 때문이었다. 주택담보대출은 2013년 5월 이후 증가 추세에 있다.

그런 점에서 최근 한국 경제는 부동산 경기 활성화냐 가계 부채 축소냐의 딜레마에 빠져 있다. 부동산 경기 활성화와 가계 부채 축소는 모두 긴요한 정책과제이나 이 둘의 동시 해결이 쉽지 않다. 둘은 모순관계에 빠져 있다. 부동산거래 활성화를 겨냥한 대책은 주택담보대출의 증가로 인한 가계 부채 증가로 이어지고 있다. 물론 이 경우에도 집값이 상승세로 돌아서면 늘어난 부채는 감당 가능하다. 서브프라임 모기지 사태 이전 미국이 그랬다. 문제는 주택담보대출은 늘어나는데 집값은 꿈쩍 않는 경우다. 그렇게 되면 대출을 받아 집을 산 것이 손해가 된다. 적어도 2013년 말까지 이러한 현상은 지속되었다. 세제혜택과 대출조건 개선 등으로 주택담보대출은 늘었지만, 집값은 평행선을 그었다.

그렇다면 부동산 시장이 앞으로는 대세상승기에 접어들 수 있을까? 그 가능성이 높지 않다는 데 한국 경제의 고민이 있다. 전술한 바와 같이 한국의 도시화는 종료되었으며 주택보급률은 100%를 넘어섰다. 최대 인구집단인 베이비부머들의 은퇴도 시작되었다. 수급 관계상 대세상승기로 반전되기 어려운 상황이다. 각종 제도적 조치를 통해 집값의 추가적인 하락을 저지할 수는 있겠으나, 대세상승기로 반전시키기에는 구조적 한계가 있다. 경기 전반이 활황 국면으로 돌아서면 건물과 주택에 대한 새로운 수요가 창출될 수 있지만, 지금은 4저불황 국면이다.

한국 가계의 금융자산 대비 가계 부채 비중은 미국과 일본의 두 배 수준이다. 가계 부채 중 주택 관련 대출은 은행권만 따져 40% 수준으로 제2금융권 등을 포함하면 50%를 훨씬 상회한다. 주택담보대출 중 72%가 원금상환 없이 이자만 내고 있다. 가계의 재무건전성 제고, 노후자금 마련을 위한 유동성 확보 차원에서 보면 부동산담보대출은 줄여야 한다. 그런데 늘어나고 있다. 설상가상으로 집값은 꿈쩍 않고 있다. 중위소득 이하 서민들이 담보대출을 통해 주택 구입 행렬에 동참하였다면, 그로 인한 후유증은 끔찍할 수밖에 없다.

집값이 더 하락하여 역자산효과가 커지고 소비가 냉각되는 것은 대단히 바람직하지 않다. 그런 점에서 대세상승기에 만들어졌던 각종 제도를 손보아 거래활성화를 도모하는 것은 긴요하다. 2013년 말 국회에서 통과된 취득세 영구 인하, 다주택자 양도세 중과 폐지뿐만 아니라 분양가상한제도 폐지되어야 한다. 기존의 단기-변동금리 주택담보대출을 장기-고정금리 방식으로 전환하여 원리금 상환의 부담을 줄여주는 정책도 필요하다. 그러나 대세상승이 난망한데도 중산층과 서민을 주택담보대출을 통한 주택 구입 행렬에 동참시키는 것이 과연 옳은 정책일까? 그것은 또 다른 '폭탄 키우기'가 아닐까?

잃어버린 20년 동안 일본 정부의 경제정책은 경기활성화냐 재정건전화냐의 길항拮抗작용 속에서 움직여왔다. 두 마리 토끼를 동시에 잡는 것은 불가능해 보였다. 결국 두 가지 모두에 실패했다. 불황은 장기화되었고 정부의 재정 건전성은 급속도로 악화되었다. 지금 한국이 당면하고 있는 부동산 경기 활성화냐 가계 부채 축소냐 역시 이와 유사한 구도다. 자칫 잘못하면 부동산 경기를 살리지도 못하고 가계의 재무건전성만 악화시키는 사태를 초래할 수 있다.

한국판 '대차대조표 불황'은 오는가

유진 파마, 라스 피터 핸슨 시카고 대학 교수와 함께 2013년 노벨 경제학상을 공동 수상한 로버트 실러 예일 대학 교수는《서울신문》과의 단독 인터뷰에서 한국의 주택시장과 가계 부채에 대해 우려를 표명했다. 미국이나 유럽의 경우 집값이 하락하면서 처분가능소득 대비 가계 부채비율도 낮아지는 추세인데, 한국에서는 특이하게 집값이 떨어지는데도 가계 부채비율은 계속 높아지고 있다는 것이다. 그는 "한국은 별도로 연구해봐야 할 만큼 우려되는 상황인 것이 분명하다"고 했다.

글로벌 금융위기 이후 주요 선진국들은 가계 부채를 줄이는 디레버리징Deleveraging을 본격화했다. 미국은 GDP 대비 가계 부채 비중을 2007년 102.2%에서 2011년 89.5%로 줄였다. 영국과 독일도 줄였다. 일본은 2009년 82.0%에서 2011년 82.1%로 현상유지를 했다. 한국만 매년 상승해 2012년 91.1%까지 높아진 것이다. 가계의 채무 상환 능력을 나타내는 가처분 소득 대비 가계 부채비율 역시 마찬가지다. 미국이 2007년 145.7%에서 2012년 114.9%로 낮추고, 일본도 같은 기간 133.8%에서 131.6%로 낮추었는데, 한국만 2007년 145.7%에서 2012년 163.8%로 오름세를 나타냈다. 소득 증가율보다 부채 증가율이 높아 생긴 결과다.

그림54 가처분 소득 대비 가계 부채비율

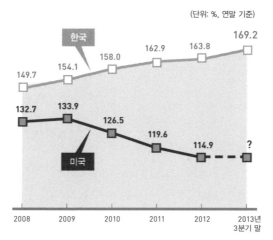

(단위: %, 연말 기준)

한국

149.7 154.1 158.0 162.9 163.8 169.2

미국

132.7 133.9 126.5 119.6 114.9 ?

2008 2009 2010 2011 2012 2013년
3분기 말

자료: 한국은행, OECD

결국 가계 부채 문제는 금융정책 수단을 통한 채무불이행 사태 방지라는 차원을 넘어 부채 증가율을 뛰어넘는 가계소득의 증대라는 근본적 대책을 마련해야 해결의 기미가 보일 것이다. 이와 관련, 로버트 실러 교수는 "현재와 같이 이자가 낮은 시기에 정부가 투자할 곳은 얼마든지 있는데, 엄청난 돈을 주택 가격 부양에 쓰는 것은 어리석은 결정"이라며 "정부는 교육과 미래 먹거리를 위한 과학기술, 의료, 복지 등에 먼저 투자하는 것이 바람직하다"고 강조했다.

정부 재정의 용처와 관련하여 또 하나 주목해야 할 것이 있다. 정부의 서민금융 지원으로 '빚 탕감'을 받는 사람들이 늘어나고 있음에도 불구하고 여전히 빚의 굴레에서 벗어나지 못하는 사람들이 줄지 않고

있다는 점이다. 정부는 2013년 금융위원회·금융감독원·캠코·신용회복위원회 등 각종 기관을 통해 85만 명의 채무를 경감시켜주었다. 건국 이래 최대 규모였다. 2013년 4월 시작된 국민행복기금의 경우 약 24만 명이 지원을 받았고, 그밖에 바꿔드림론·미소금융·햇살론·새희망홀씨·프리워크아웃 등 각종 프로그램을 통해 60여만 명의 사람들이 채무 조정의 혜택을 받았다. 그러나 저소득층의 부채는 오히려 늘고 있다. 2013년 가계금융복지 조사에 따르면 소득 하위 20%인 1분위 가구의 부채는 전년 대비 24.6% 늘었고, 2분위 가구의 부채도 16.3% 증가했다. 2013년 법원에 개인회생(법원이 파탄에 직면한 개인의 채무를 재조정해 파산으로부터 구해주는 제도)을 신청한 건수는 처음으로 10만 건을 돌파했다.

건국 이래 최대 규모의 빚 탕감을 해주었음에도 불구하고 이처럼 저소득층의 부채가 늘어나고 있는 이유는 무엇일까? 불황으로 고용상태가 악화되었기 때문이라는 해석도 가능하지만, 반복되는 빚 갚아주기에 도덕적 해이 현상이 심화되었기 때문이라는 분석도 제기된다. 국민행복기금의 경우 버겁지만 꼬박꼬박 빚을 갚아왔던 성실 상환자들이 대상에서 제외되어 일부러 빚을 갚지 않는 '버티기 채무자'가 늘었다는 것이다. 실제 2013년 미소금융의 연체율은 7%를 넘었고, 햇살론 연체율은 10%에 육박하였다.

정부 재정 투입을 통한 부채 축소는 한계를 지닐 수밖에 없다. 밑 빠진 독에 계속해서 물을 부을 수는 없기 때문이다. 결국 어느 시점에선가 당사자들이 부채를 본격적으로 축소하는 과정에 진입하지 않을 수

없다. 이렇게 될 경우 우려되는 것이 있다. 이른바 "대차대조표 불황'
Balance Sheet Recession'의 가능성이다.

'대차대조표 불황'이란 일본 노무라野村종합연구소의 수석 이코노미
스트인 리처드 쿠가 일본의 장기불황을 설명하기 위해 만들어낸 개념
으로, 자산가치의 하락으로 어려움을 겪는 경제주체들이 채무과다 상
태를 해소하기 위해 차입금을 최우선적으로 상환하기 때문에 유동성
을 늘려도 소비와 투자의 확대로 이어지지 않는 현상을 일컫는다.[26]

대차대조표는 자산과 이를 구입하기 위해 투입한 자본과 부채를 좌우
로 나눠 정리한 표를 말한다. 자산가치가 내려가면 자본이 줄고 부채가
증가한다. 결국 기업과 가계 등 경제주체들은 대차대조표상의 균형을
회복할 때까지 부채감축을 최우선적으로 행할 수밖에 없다는 것이다.

일본은 버블 붕괴로 1500조 엔의 국부 손실을 경험했다. 일본에서는
주로 가계가 저축하고 기업이 빌렸다. 버블 붕괴 이후 일본 기업들은 매
년 GDP의 10%에 해당하는 차입을 중단하고 15년 동안 매년 GDP의
6%에 해당하는 30조 엔의 부채를 상환하였다. 리처드 쿠에 따르면, 민
간 기업이 이윤 극대화를 추구하는 양陽의 국면이 있는 반면 부채를 최
소화하는 음陰의 국면이 있는데, 버블 붕괴 이후 15년 동안은 음의 국
면이었다. 요컨대 기업발 '대차대조표 불황'이었던 것이다.

---

26 리처드 C. 쿠 지음/김석중 옮김, 『대침체의 교훈』, 더난출판, 2010년.

그렇다면 한국은 어떠할까? 경제주체들이 처한 상황은 일본과는 사뭇 다르다. 외환위기 이후 구조조정이 비교적 성공적으로 이루어져 기업의 부채비율은 줄어들었고, 현금 유보율이 사상 최고 수준을 기록하고 있다. 한국 기업들이 부채 축소에 적극적으로 나서야 할 동인은 별로 없다. 반면 가계는 다르다. 부채의 양과 질 모두에서 악화되고 있다. 정부의 재정지원조차 큰 효과를 내지 못하고 있다. 임계점Critical Point이 어디인지는 그 누구도 장담할 수 없지만, 언젠가 본격적인 부채 축소 과정에 돌입하면 가뜩이나 위축된 소비가 더욱 냉각되는 한국판 '대차대조표 불황'이 시작될 것이다. 일본이 기업발 '대차대조표 불황'이었다면, 한국은 가계발이 될 것이다. 그리고 이는 소비감소→재고증가→가격파괴의 메커니즘을 거쳐 본격적인 디플레로 이어질 것이다.

피할 수 없는
재정 건전성 악화

가만히 있어도 복지 선진국?

2010년 지방선거를 계기로 한국 사회는 전면적인 복지 논쟁에 빠져들었다. '3무1반(무상급식·무상보육·무상의료+반값등록금)'을 내건 민주당이 승리했기 때문이었다. 논쟁의 구도는 복지 확대의 필요성을 인정하는 속에서 '보편적 복지냐, 선별적 복지냐'의 방법론 대립으로 나타났다. 이러한 논쟁은 급기야 2011년 서울시 무상급식 찬반 주민투표와 시장직 사퇴라는 정치적 격변으로 이어졌다. 이 사건의 여파는 이른바 '안철수 현상'을 만들어냈다. 화들짝 놀란 한나라당은 새누리당으로 간판을 바꾸어 달고 무상보육과 반값등록금 추진에 과감하게(?) 앞장섰다.

2012년 18대 대통령선거에서도 복지공약은 중요한 쟁점이었다. 박근혜 후보는 65세 이상 전원 20만 원 기초연금 지급, 4대 중증질환 전액 국가부담, 무상보육, 고교수업료 무상, 반값등록금 등을 주요 공약으로 제시하여 당선되었다. 이렇듯 복지 확대는 거스를 수 없는 시대적 대세가 되었다.

OECD 여타 회원국들과 비교할 때 복지 지출의 비중이 낮다는 점은 복지 확대의 주요 논거로 가장 많이 활용된다. 2013년 기준 국내총생산GDP 대비 공공사회복지 지출 비중은 한국이 9.8%로 2009년 OECD 회원국 평균인 22.1%의 절반에도 못 미친다. OECD 회원국과의 국제 비교가 가능하도록 정의된 '공공사회복지 지출Public Social Expenditure'은 노령, 유족, 근로 무능력, 보건, 가족, 적극적 노동시장, 실업, 주거, 기타 사회정책 등 9개 정책 영역에서 지출된 사회보험 및 일반재정을 통틀어 일컫는 개념이다. 복지 지출 비중이 낮다는 것은 곧 복지 확대의 불가피성으로 연결된다.

문제는 '어떻게 확대할 것인가'인데 고려해야 할 요인이 있다. 1980년 이후 20년간 한국의 GDP 대비 공공사회복지 지출 증가율은 연평균 16.6%로 OECD 평균의 3.2배에 달한다는 점이다.[27] 이는 한국의 초고속·압축 고령화가 만들어낸 결과다. 문제는 이러한 추세가 향후 더욱

---

27 고경환, 「2012 OECD 공표로 본 우리의 사회복지 지출 특성과 시사점」, 보건사회연구원, 2012년 12월 26일.

심화될 것이라는 점이다.

2014년 1월 28일 국무총리 주재로 열린 제6차 사회보장위원회에서 심의된 '중장기 사회보장 재정추계'에 따르면, 현행 제도만 유지해도 고령화 등의 영향으로 2060년에는 GDP 대비 공공사회복지 지출 비중이 현재의 세 배를 넘어 29%에 이를 것으로 전망됐다. 프랑스, 스웨덴, 덴마크 등 복지대국의 현재 수준과 비슷하게 되는 것이다. 특히 사회보험 부문의 GDP 대비 비중이 현재 6.3%에서 2060년에는 23.3%로 네 배 가까이 커지는데, 이는 인구 고령화와 연금제도 성숙 등으로 국민연금이나 건강보험의 지급 대상과 지급액 등이 크게 불어나기 때문이다. 우리나라의 사회보험에는 국민연금 등 4대 공적 연금과 건강보험·노인장기요양보험·고용보험·산재보험 등이 포함되고, 일반재정 지원 사업으로는 기초생활급여·의료급여·긴급복지·기초노령연금·장애인연금·장애수당·영유아지원·직접일자리사업·직업훈련·보훈급여 등이 있다.

우리보다 앞서 초고속 고령화가 진행된 일본 역시 대단히 빠르게 공공사회복지 지출 비중이 늘어났다. 일본의 GDP 대비 공공사회복지 지출 비중은 1985년 11.07%에서 2009년 22.4%로 가파르게 상승하였다. 폴 케네디가 1987년 『강대국의 흥망』에서 일본의 앞날을 밝게 전망했던 요인 중의 하나가 타 선진국들에 비해 상대적으로 낮은 복지 지출 비중이었는데, 지금은 '요람에서 무덤까지'의 나라 영국(24.1%)과 크게 다르지 않다.

한국은 일본보다 고령화의 속도가 빠른 만큼 여타 조건이 비슷하다

그림55 사회복지 지출 전망: GDP 대비 사회복지 지출 비중

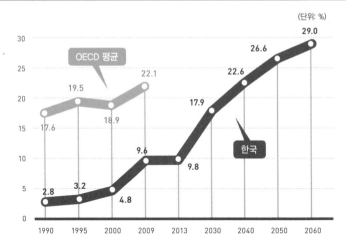

자료: 보건복지부

고 할 때 일본보다 빨리 복지 지출 비중이 늘어날 가능성이 높다. 설상
가상으로 정치권의 선심 경쟁은 그 속도를 더욱 높일 것으로 전망된다.
2011년 말 국회는 2012년 예산안을 심의하면서 0~2세 보육료를 정부
가 전액 부담한다는 안을 전격 통과시켰다. 종전까지는 하위 75%에 대
해서만 지원하였던 것을 여야가 의기투합하여 선심을 베푼 것이다. 보
육 시설에 굳이 보낼 필요가 없던 가정조차 안 보내면 손해라며 어린이
집을 찾았다. 이러한 무상보육에 문제가 많다고 판단한 정부는 2013년
부터 상위 30% 고소득층에 대해서는 일부(0세 기준으로 월 75만 원 중 20만 원)
를 부담시키고 전업주부는 반일제만 지원하는 방안을 제출했으나, 정
치권은 이를 묵살하고 오히려 무상보육 대상을 5세까지 확대하였다.

여야의 무상복지 경쟁은 보육에만 국한되지 않는다. 초고속·압축 고령화에, 무상복지 경쟁에 한국의 복지 지출은 정부의 예산항목 중 가장 빠른 속도로 증가하고 있다.

일본보다 빠른 공공 채무 증가율

잃어버린 20년은 일본의 재정상황도 급격히 악화시켰다. 일본 정부의 세수(일반회계)는 1990년 60.1조 엔을 정점으로 지속적으로 하락해 2010년 37.4조 엔까지 쪼그라들었다. 잃어버린 20년(1992~2011년) 동안 일본의 연평균 경제성장률은 0.76%였고, GDP는 3조 8530억 달러에서 5조 8670억 달러로 1.5배 늘어났다. 엔화 기준으로 따져도 442조 9550억 엔에서 517조 8260억 엔으로 1.17배 늘어났다. 수출은 3399억 달러에서 8225억 달러로 2.4배 신장하였다. 그런데 세수는 무려 38%나 줄어든 것이다.

일본 정부는 2009년 세수를 당초 46조 엔으로 예상했으나 실제 결과는 37조 엔에 그치고 말았다. 이는 1984년 세수 35조 엔 이후 가장 낮은 수치였다. 기업실적 악화로 법인세가 크게 줄었고, 가계수입도 줄어 소득세와 소비세도 감소했기 때문이었다.

결국 복지비용 조달 등 부족한 재원은 적자국채 발행으로 메울 수밖에 없었다. 2009년 국채발행액은 53조 엔을 넘어 사상 최대치를 기록하였다. 국채발행액이 세수를 웃도는 시대가 시작된 것이다. 세수는 줄

그림56 일본의 세수·세출(일반회계) 및 국공채 발행액 추이

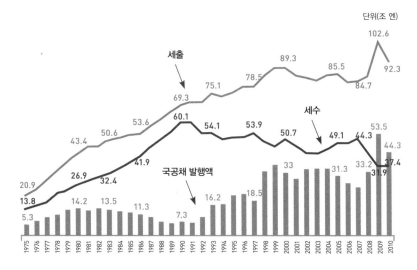

단위(조 엔)

자료 : 일본 재무성

고 국채발행액은 늘어나니 재정 건전성이 악화되는 것은 불문가지不問
可知다. 일본의 GDP 대비 국가채무 비율은 초고속으로 상승했다. 버블
붕괴 시점인 1991년에 64.1%였던 것이 2012년 219.1%로 치솟았다. 잃
어버린 20년 동안 무려 세 배 이상 뛰었다. 1945년 패전 당시 전시국채
남발 등으로 일본의 GDP 대비 국가채무 비율이 약 200%였는데 그때
보다 높아진 것이다.

　일본의 국가채무는 2013년에 1000조 엔을 넘어섰다. 우리 돈으로 환
산하면 국민 1인당 1억 원 정도다. 독일·프랑스·영국 GDP를 모두 더한
규모보다 크다. 1980년대 중반까지만 해도 일본의 GDP가 '독일+영국+

그림57 일본의 GDP 대비 국가채무 추이

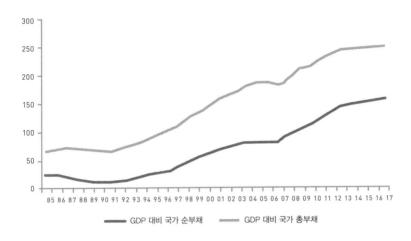

자료: IMF, World Economic Outlook Database, 2012년 10월

프랑스'보다 컸는데, 지금은 국가채무 규모가 3국 GDP의 합보다 크다. GDP 규모는 '독일+프랑스'로 쪼그라들었다. 2013년 일본 정부의 원금 상환을 제외한 국채 이자 비용만 9조 9000억 엔이다.

현재 일본의 국가채무 비율은 아프리카의 짐바브웨가 2008년 국가 파산할 당시의 수치인 218%보다 높다. 1998년 러시아와 2001년 아르헨티나가 대외채무 지불정지 선언을 하고 디폴트Default되었을 당시의 채무액은 GDP의 60~70%였다. 아직까지는 일본 국채의 90% 이상을 국내기관이나 개인이 보유하고 있어 별 문제가 없어 보인다. 그러나 2000년대 들어 단기채 발행이 늘고 장기채 비율이 줄어들어 이전에 비해 대외 리스크에 취약해지고 있다. 일본 국채의 해외 보유자는 꾸준히 늘어 2012년 처음으로 9%를 넘어섰다.

독일 코메르츠방크는 2012년에 펴낸 보고서에서 "일본식 모델은 국가채무가 은행의 국채 구입 자금원인 개인이나 기업의 금융자산을 넘지 않을 때에만 기능한다"고 지적했다. 이 은행은 이르면 2018년, 늦어도 2022년에는 일본의 국가채무가 금융자산 규모(약 1500조 엔)를 웃돌게 될 것이라고 예상했다. 이처럼 일본 정부가 발행하는 거액의 저금리 국채 대부분을 일본 내에서 소화하는 기존 모델은 5~10년 내로 한계를 맞을 것으로 전망된다. 미쓰비시도쿄UFJ은행도 2010년 4월에 펴낸 보고서에서 당시 94.8%였던 일본 내 국채 소화 비율이 2020년에는 64.6%로 내려갈 것이라고 전망했다.

국채를 국내에서 소화할 수 없게 되면 해외 투자가의 요구대로 채권의 금리를 올릴 수밖에 없다. 일본은 최근 정부예산의 20% 이상을 국채의 원리금을 상환하는 데 쓰고 있다. 2010년의 경우 92.3조 엔의 세출예산 중에서 국채비용이 20.6조 엔이었다. 사회보장 예산 27.3조 엔 다음으로 덩치가 큰 항목이었다. 현재 일본의 국가채무가 1000조 엔이니 국채금리가 1%만 올라도 재정 부담은 10조 엔 가까이 늘어날 수 있다.

유일한 해결 방법은 세수확대를 통한 재정 건전성 향상뿐이다. 결국 일본 국회는 2012년 8월 현행 5%인 소비세를 2014년 4월에 8%, 2015년 10월에 10%로 올리는 법안을 통과시켰다. 일단 국제 금융시장은 일본의 신용등급이 더 내려가지는 않을 것이라고 긍정 평가했지만, 문제는 그다음이다. 소비세 인상이 가뜩이나 위축된 소비심리를 더욱 냉각시키고 투자감소 및 고용축소로 이어져 세수증대에 별 다른 기여를 하지 못한다면, 모든 것은 원위치로 돌아간다. 1997년에 소비세를 3%에서 5%로 높였으나, 세수증대 효과는 3년을 못 갔고 그 이후 세수감소가 이어졌다.

한국 경제를 일본 경제와 비교할 때 단골로 등장하는 것이 재정 건전성의 양호함이다. 2012년 GDP 대비 국가채무 비율은 일본 219.1%, 한국 34.8%로 한국이 압도적으로 양호하다.[28] 바로 이 점이 반영되어서 2012년 한국의 신용등급이 일본보다 높아지기도 했다. 기획재정부 역시 이 책의 앞부분에서 소개한 것처럼 한국은 일본에 비해 재정 건전성이 양호하니 잃어버린 20년의 전철을 밟지 않을 것이라고 전망하였다.

과연 그럴까? 다시 한 번 강조하지만 버블 붕괴 시점인 1991년 일본의 GDP 대비 국가채무 비율은 64.1%로 당시 OECD 평균인 59.4%보다 약간 높은 수준이었다. 오히려 미국이 67.7%로 일본보다 높았다. 그러던 것이 2012년 219.1%로 OECD 평균인 108.8%보다 두 배 이상 높아졌다(미국 106.3%). 요컨대 중요한 것은 지금 당장의 수치가 아니라 변화의 추이인 것이다.

한국을 보자. 1997년 11.9%였던 GDP 대비 국가채무 비율이 2010년

---

28 국가채무 : 정부가 직접적인 상환의무를 부담하는 확정채무(IMF기준).
　(국가채무 = 국채 + 차입금 + 국고채무부담행위 + 지방정부 채무 − 지방정부의 대중앙정부채무)

에 33.4%로 급증한 것만 봐도 향후 재정 건전성 유지는 결코 호락호락한 일이 아님을 알 수 있다. 한국은 고령화의 속도뿐만 아니라 국가채무 증가 속도에 있어서도 일본보다 빠르다.

기획재정부는 GDP 대비 국가채무 비율이 2013년 36.2%로 정점을 찍은 뒤 2014년 34.6% → 2015년 33.4% → 2016년 32.0%로 낮아져 재정 건전성이 지속적으로 개선될 것으로 전망하였다. 그러나 이 전망치는 어느 순간 2013년 36.2% → 2014년 36.5% → 2015년 36.5% → 2016년 36.3% → 2017년 35.6%로 수정되었다. 불과 12년 앞도 내다보지 못할 정도로 전망이 부실했던 것이다. 여야의 표심을 향한 무상복지 경쟁이 현재와 같은 추세로 이어질 경우 수정된 전망치는 재수정의 운명을 맞이할 공산이 크다.

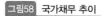 국가채무 추이

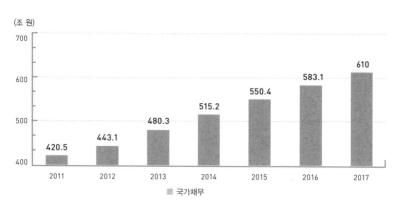

주: 2013년은 추경, 2014년 이후는 「'13~'17 국가채무관리계획」 전망 숫자임
출처: 기획재정부

한국의 재정 건전성을 판단할 때 또 한 가지 고려해야 할 사항이 공식적인 국가채무에는 포함되지 않지만 사실상의 국가채무라 할 수 있는 공기업 등 공공부문의 채무 수준이다. 이른바 '숨겨진 채무'까지 계산해야 한다는 것이다.

세계은행과 IMF, OECD 등 9개 국제기구는 공기업까지 포함되는 공공부문 채무Public Sector Debt 통계의 산출 및 공개를 새로운 국제기준으로 추진하고 있다. 이는 2009년 10월 서울에서 열린 G20 정상회의의 합의사항이었다. 유럽의 재정위기 등 일부 국가들의 재정문제가 세계경제를 뒤흔드는 상황에서 국가가 책임질 가능성이 큰 채무 수준을 보다 정확하게 파악하여 대응하고자 하는 취지였다.

9개 국제기구들은 공동 작업을 거쳐 2011년 말 공공부문 채무 통계 작성지침을 발표하였다. 이 지침은 중앙은행 등 공기업도 포함시키도록 범위를 넓힐 뿐 아니라, 확정채무만을 계산하는 현금주의 방식이 아니라 미래에 지급할 부채까지 포함하는 발생주의 회계기준을 적용할 것을 권고하였다.

이 기준에 따라 기획재정부는 2014년 2월 14일 중앙정부와 지방정부, 비非금융 공기업의 빚을 모두 합친 우리나라의 공공 부채가 2012년 말 기준 821조 원에 이른다고 발표했다. 그동안 국제기구들이 인용해온 일반 정부 부채 504.6조 원의 1.6배, GDP의 64.5%에 이른다. 여기에는 국민연금이 보유한 국채와 공사채(134조 원), 금융 공기업 채무, 또 앞으로 돌아올 공무원·군인 연금 충당 부채(437조 원)와 채무불이행 시 정부가 대신 갚아줘야 하는 보증채무 146조 원도 빠져 있다.

조영무 LG경제연구원 연구위원이 이 새로운 기준으로 계산한 결과, 2012년 기준 우리나라의 일반 정부(중앙정부+지방정부) 채무 대비 공기업

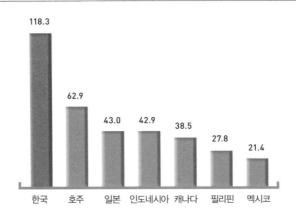

그림59 일반 정부 채무 대비 공기업 채무비율(%)

주: 2012년 기준, 한국의 경우 공기업 채무의 대용치로서 공기업 부채, 중앙은행 채무의 대용치로서 2011년말 기준 통안증권 발행잔액 이용
자료: World Bank, IMF, 한국은행, 기획재정부

채무 비율은 118.3%로 비교 대상 국가들 중 가장 높았다.

295개 전체 공공기관들의 채무가 국가채무를 넘어선 것은 2010년부터였다. 세종시 이전, 4대강 사업, 보금자리주택 건설 등이 정부예산이 아닌 공기업 예산으로 추진되면서 나타난 결과다. 공공기관 부채는 2007년 249.3조 원에서 2013년 500조 원을 넘어섰다. '중앙정부 채무+지방정부 채무+국가공기업 부채+지방공기업 부채'는 2013년 말

그림60 국가 부채 1000조 원 돌파

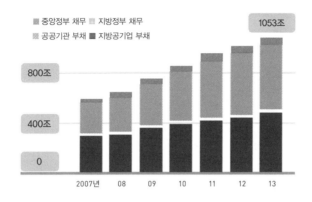

주: 2013년은 전망치, 2013년 지방공기업 부채는 2012년 기준 적용
자료: 기획재정부

1053조 원으로 GDP의 80%에 달한 것으로 보인다.[29]

플러스 성장과 마이너스 세수

기획재정부는 균형재정이 충분히 달성 가능한 목표라고 공언해왔다. 균형재정은 수입과 지출이 일치해 흑자도 적자도 없는 재정 상태를 뜻한다. 지금까지 나라 살림은 관리 대상 수지(통합 재정수지에서 국민연금 등 4대

---

29 '[J Report] 나랏빚 1000조 원, 감당이 안 된다', 《중앙일보》, 2013년 10월 17일.

사회 보장성 기금을 제외한 정부 재정) 기준으로 2004년 이후 10년간 2007년 6조 8000억 원 흑자를 기록한 것을 제외하고는 계속해서 적자를 기록하고 있다. 2013년에는 반드시 균형재정을 달성하겠다고 했으나, 또다시 실패했다.

이렇듯 들어오는 돈보다 나가는 돈이 많게 되면, 그 차액은 국채발행을 통해 메우게 된다. 2013년 말 현재 국채발행으로 인한 적자성 채무는 246.2조 원에 이른다. 2013년 국가채무 480.5조 원의 51.2%에 달하는 수준으로, 국가채무에서 적자성 채무 비중이 처음으로 50%를 넘겼다. 적자성 채무는 외환시장 안정용 국채 등 채무에 대응하는 자산이 있는 금융성 채무와 달리 대응 자산이 없어 향후 조세 등으로 재원을 마련해야 한다. 이번 세대가 갚지 못하면 미래 세대가 해결해야 할 악성 채무인 셈이다. 적자성 국가채무는 이명박 정부(2008~2012년) 5년간 127.4조 원에서 220조 원으로 92.6조 원 늘어났다. 특히 금융위기 직후인 2009년에 36.1조 원, 2010년에 24.6조 원이 각각 늘었다. 이는 세입이 세출에 미치지 못해 발생하는 일반회계 적자국채 발행 규모가 급증한 데 따른 결과다. 이런 흐름이 이어지면서 적자성 국가채무는 박근혜 정부 기간인 2013~2017년에도 108.6조 원이 늘어날 것으로 기획재정부는 관측했다.

정부가 실제보다 부풀린 전망을 내놓는 것도 재정 건전성을 해치는 요인이 되고 있다. 2% 성장에 머문 2012년 세수는 계획보다 2조 8000억 원 덜 걷혔다. 4% 성장을 전망한 2013년도 예산안도 장밋빛이었다. 정부는 2013년 4월 17조 3000억 원의 역대 2위 규모 추가경정 예산을 편성했다. 세입은 역대 최대 규모인 12조 원을 깎았다. 애초 예상보다 세금수입이 6조 원 줄고 세외수입에서도 산업·기업은행의 주식매각이 여의치 않게 된 점을 고려해 6조 원을 쳐낸 것이다. 그런데 2013년 국세수입 실적은 이 당시 전망했던 210조 4000억 원에서 8조 5000억 원 줄어든 201조 9000억 원인 것으로 집계되었다.

2013년 실적이 더욱 뼈아픈 것은 전년 대비 실적도 1조 1000억 원 줄어들었다는 사실이다. 우리나라의 국세수입 규모는 1990년 26조 8000억 원에서 2012년 203조 원으로 매우 빠른 속도로 늘어났다. 이 과정에서 전년 대비 실적이 줄어든 해가 딱 두 번 있었다. 외환위기로 1998년 −5.7% 성장을 한 여파로 1997년 69조 9000억 원이었던 국세수입이 1998년 67조 8000억 원으로 2조 1000억 원 줄었고, 세계 금융위기로 2009년 0.3% 성장을 하여 2008년 167조 3000억 원이었던 국세수입이 2009년 164조 5000억 원으로 2조 8000억 원 줄어들었다. 그런 점에서 2013년은 세 번째로 전년 대비 국세수입이 줄어든 해였다.

그런데 앞의 두 사례와 확연히 구분되는 2013년만의 특징이 있다. IMF 환란과 세계 금융위기와 같은 충격도 없었고 GDP가 2.8%나 성장했는데도 세수가 줄어든 것이다. 국세수입의 3대 기둥인 부가가치세와 법인세 그리고 소득세의 세율이 인하되지도 않았다. 마이너스 성장과 제로 성장을 한 앞의 두 사례와 달리 플러스 성장을 했는데 세수가 줄어드는 한국 경제 역사상 초유의 현상이 발생한 것이다.

2012년 GDP는 1272조 4600억 원으로 2.8% 성장은 GDP가 35조 6289억 원 증대되었다는 것을 의미한다. 2013년 한국의 조세부담률(GDP 대비 조세총액의 비율)은 19.8%이므로 약 7조 원 조세수입이 늘었어야 했고, 국세 대 지방세의 비중이 78.6%대 21.4%(2011년 현재)이므로 2013년 국세수입은 약 5조 5000억 원 늘었어야 했다. 그런데 1조 원 이상 줄어들었다. 이 현상을 도대체 어떻게 설명해야 할 것인가?

기획재정부는 실질 경제성장률이 2.8%인데도 국세수입이 전년 대비 감소한 이유로 2012년 경기 침체에 따른 법인세의 부진, 자산 관련 세목인 양도소득세와 증권거래세 부진, 이월세수 영향에 따른 2012년 국세수입 증가 효과 등을 꼽았다. 참으로 한가한 상황인식이다.

성급한 판단일지 모르겠으나, 플러스 성장과 마이너스 세수라는 2013년 현상은 재정에 있어서도 일본화가 시작되었다는 것을 의미하는 것일 수 있다. 일본화의 핵심은 4저불황의 구조화인데 그 밖의 특징으로는 첫째, GDP는 늘어나는데 세수는 줄어들고, 둘째, 수출의 성장 기여도는 높아지는데 내수의 성장 기여도는 낮아지는 점을 들 수 있다. 일본의 세수는 1990년 60.1조 엔이었던 것이 2010년 37.4조 엔까지 쪼그라들었다.

일본은 1990년대 경기부양을 위한 감세조치를 대대적으로 단행하였다. 1994년과 1998년에 소득세에 대한 특별감세조치를 취했고 1999년에는 정률감세조치를 시행하였다. 법인세율은 1998년 37.5%에서 34.5%로 인하하고 1999년 30.0%로 추가 인하하였다. 그러나 감세로 경기가 활성화되어 세수가 늘어나는 선순환 효과는 발생하지 않았다. 소득세 수입은 1991년 26.7조 엔에서 1999년 15.4조 엔으로 줄어들었고, 법인세 수입은 1989년 19조 엔에서 1999년 10.8조 엔, 2003년 9.8조 엔으로 감소하였다. 결국 감세로 인한 예산 부족분은 국채발행을 통해 메워졌다. 국채발행 수입은 1991년 GDP 대비 9.5%(6.7조 엔)에서 1999년 43.4%(38.6조 엔)로 급증하였다. 결국 일본은 경기도 못 살리고 재정 건전성도 악화되는 최악의 결과를 맞이한 것이다.

그런 점에서 아직 한국은 선택의 여지가 많이 남아 있다고 할 수 있다. 일본처럼 대대적인 감세로 인해 세수에 구멍이 날 가능성은 현재로서는 별로 없다. 문제는 초고속·압축 고령화와 무상복지 경쟁으로 빠르게 늘어나는 재정수요를 무엇으로 감당할 것인가 하는 점이다.

방법은 크게 보아 세 가지가 있다. 일본처럼 적자국채를 발행하여 재정수요를 감당하는 방법, 증세를 통해 세수를 늘리는 방법, 신성장동력을 만들어 세수를 늘리는 방법이다. 적자국채 발행과 증세를 하지 않고 신성장동력을 키워 세수를 늘릴 수 있으면 가장 좋다. 그런데 일본의 사례에서 드러나듯이 기존의 수출산업이 성장해도 세수증대에는 도움이 되지 않는다. 한국에서도 수출 제조업 중심의 불균형 성장 전략은 이미 그 효력을 다하였다. 유일한 해결책은 서비스 빅뱅을 통한 신성장동력 창출 및 내수 활성화인데 기득권 집단의 집요한 저항과 그것을 돌파할 만한 정치적 리더십의 부재로 목표달성은 요원하기만 하다.

증세를 통한 복지재원 마련 또한 쉽지 않은 형국이다. 한국의 조세부담률은 20% 정도로 OECD 평균의 60~65% 수준이다. 공공사회복지지출 비중도 OECD 평균의 절반 수준이지만, 조세부담률도 낮다. 따라서 복지 확대를 위해서는 조세부담률을 늘려야 마땅하다. 그러나 증세 없는 공약 이행을 강조한 박근혜 정부의 방침과 2013년 8월 소득공제를 세액공제로 돌리는 소득세법 개정안에 대한 국민적 반발 등을 감안할 때, 증세는 쉽지 않아 보인다. 소득세율 최고 구간(38%) 적용을 연소득 3억 원에서 1억 5000만 원으로 낮추는 것처럼 민주당 핑계를 대고 증세를 하는 것 이외에는 별다른 방법이 없다.

지하경제를 양성화하여 세수를 늘리겠다는 시도 역시 명분은 그럴 듯하나, 실효성이 떨어진다. 오히려 5만 원권의 퇴장과 신용카드 사용 감소, 탈세목적의 현금결제 증가 등 지하경제 활성화라는 의도하지 않은 결과를 초래할 수 있다. 전례를 찾기 힘들 정도로 당국은 2013년에 강도 높은 세무조사를 벌였지만 국세징수 실적은 전년 대비 1조 원가량 줄었다. 이렇게 되면 적자국채 발행이라는 기존수단의 확대적용 말고는 별다른 방도가 없게 된다.

세수증대가 힘들다면 세출을 조정해야 되는데 이 또한 어려워 보인다. 세출구조조정을 위해서는 국가재정규율을 강화해야 한다. 미국 연방정부는 재원조달이 있어야 세출예산편성이 가능하다는 '세원확보준칙Pay-as-you-go Rule'을 1991~2002년 적용하여 1980~1989년 연평균 −3.9%였던 GDP 대비 연방정부 재정적자를 연평균 1.3%로 축소시키는 데 성공하였다. 우리나라도 이 제도의 도입이 절실하나, 쪽지예산 등을 통해 지역구 예산을 확보하여 다음 선거에 이용하려는 정치관행이 뿌리 깊어 그 실현은 난망하기만 하다.

정부는 2014년 성장률을 3.9%로 전망하면서 국세수입을 218조 5000억 원으로 추산하였다. 전망대로 되었으면 좋겠으나, 만일 2013년과 같은 사태가 재현된다면 플러스 성장과 마이너스 세수라는 국가재정의 일본화는 본격화될 것이다. 어찌되었든 최근의 모든 정황을 종합해볼 때, 재정 건전성의 악화는 피하기 힘들 것으로 보인다. 정부는 균형재정을 통한 재정 건전성 개선이라는 공허한 목표를 내걸 것이 아니라 어떻게 하면 악화의 속도를 줄일 것인가를 집중적으로 고민해야 한다. 어차피 피할 수 없는 것이라면 감속을 통해 충격을 최소화하는 것이 현명한 처사이기 때문이다.

5장

국가 쇠락 부추기는
'민주주의 실패'

'민주 대 독재' 구도의 종언

타는 목마름으로

신새벽 뒷골목에

네 이름을 쓴다 민주주의여

내 머리는 너를 잊은 지 오래

내 발길은 너를 잊은 지 너무도 너무도 오래

오직 한가닥 있어

타는 가슴속 목마름의 기억이

네 이름을 남몰래 쓴다 민주주의여

아직 동 트지 않은 뒷골목의 어딘가

발자욱소리 호르락소리 문 두드리는 소리

외마디 길고 긴 누군가의 비명소리

신음소리 통곡소리 탄식소리 그속에 내 가슴팍 속에

깊이깊이 새겨지는 네 이름 위에

네 이름의 외로운 눈부심 위에

살아오는 삶의 아픔

살아오는 저 푸르른 자유의 추억

되살아오는 끌려가던 벗들의 피묻은 얼굴

떨리는 손 떨리는 가슴

떨리는 치떨리는 노여움으로 나무판자에

백묵으로 서툰 솜씨로

쓴다

숨죽여 흐느끼며

네 이름을 남몰래 쓴다

타는 목마름으로

타는 목마름으로

민주주의여 만세

김지하 시인이 1975년에 발표한 〈타는 목마름으로〉라는 시의 전문이다. 이 시는 한 시대를 풍미했다. 민주주의를 향한 처절하고도 강인한 열망의 결정체結晶體가 되어 많은 이들의 영혼을 흔들어 놓았다. 한국에서 민주주의가 실현되는 것은 쓰레기 더미 위에서 장미꽃이 피는 것보다 더 어려울 것이라는 서방 기자의 조롱과 맞물려 젊은이들의 피를 역류시켰다. 노래로도 만들어져 1980년대 대학가 선술집의 밤을 뜨겁게 달구었다.

권위주의 시절 민주화운동의 논리는 간명했다. 독재를 무너뜨리고 민주를 회복한다는 것이었다. 독재는 악惡이었고 민주는 선善이었다. 심지어 유신과 5공에 몸담았던 사람들도 민주회복이라는 대의명분을 부정하지 못했다. "등 따시고 배부른 것이 우선", "민주주의는 단계적으로 실현해 나아갈 수밖에 없다"는 현실론을 내세우는 것이 고작이었다. 군사쿠데타를 통해 권력을 잡았다는 정통성의 생래적 결핍, 반독재민주화 투쟁을 벌인 인사들에 대한 부당한 탄압, 특히 무고한 시민들을 학살한 1980년 광주의 참극으로 민주화의 물결은 1980년대 한국 사회를 휘감았고 1987년 6월 항쟁으로 대한민국 역사는 25년간 지속되어왔던 산업화 시대를 끝내고 민주화 시대로 전환하게 되었다.

그리고 민주화 세력은 마침내 집권의 꿈을 이루었다. 김영삼 정부 5년을 제외한다 해도 민주화 세력은 10년 동안 대한민국의 권좌를 차지하였다. 민주화 세력이 휘두른 역사 바로 세우기의 칼날에 만신창이가 된 권위주의세력은 상당 부분 해체돼 역사의 뒤안길로 사라졌다. YS의 집권과 하나회 척결은 그 역사적 과정의 출발이었다. 흔히

'1987년 체제'라고 불리는 기간 동안 민주화의 진전은 거역할 수 없는 역사적 흐름이 되었다. 이는 1980년대 중후반의 3저호황과 서울올림픽의 성공으로 먹고 사는 문제에 안정감을 얻은 다수 국민들의 뜻이기도 했다.

한국의 민주화는 이처럼 경제적 기반을 갖춘 것이었기에 남미 등에서 자주 발견되는 부서지기 쉬운Fragile 민주주의가 아니었다. 일시적으로 민주주의가 훼손되고 후퇴하는 현상은 있을 수 있으나, 5·16, 12·12와 같은 군사쿠데타가 재발할 것이라고 생각하는 사람은 이제 없다. 그런 점에서 한국의 민주화는 반환 불능점Point of No Return을 지난 불가역적不可逆的 민주화라 할 수 있다.

영국의 시사 주간지 《이코노미스트》는 선거과정·복수정당제·시민자유·정부의 정치기제·정치문화의 5가지를 근거로 세계 각국의 민주주의 랭킹과 점수를 매겨 '이코노미스트 데모크라시 인덱스'를 매년 발표하고 있다. 2010년 세계 167개국을 완전한 민주국가 26개국, 결함 있는 민주국가 53개국, 민주주의와 권위주의가 혼합된 국가 33개국, 권위주의 국가 55개국으로 분류하였는데, 한국은 완전한 민주국가로 분류되었다. 민주주의의 종주국이라 불리는 영국에 이어 세계 20위를 기록해 아시아 국가 중 1위를 차지했다. 2012년 조사에서도 한국은 영국 18위, 미국 19위, 일본 21위에 이어 22위를 차지했다. 프랑스와 이탈리아보다 높은 점수였다.

『문명의 충돌The Clash of Civilizations and the Remaking of World Order』로 우

리에게 유명한 새뮤얼 헌팅턴은 "평화적 정권교체가 두 번 이루어져야 민주주의는 비로소 공고화의 단계에 들어선다"고 설파했다. 아시아 국가 중 이 반열에 올라 선 유일한 국가가 대한민국이다. 우리보다 앞서 산업화에 성공한 일본에서도 2009년에서야 최초의 정권교체가 이루어졌다.

국내 일부 진보세력은 인정하고 있지 않지만, 한국의 민주주의는 이미 세계가 평가하고 있는 수준에 도달해 있다. 민주주의 수준이 유신, 5공 시절로 돌아갔다는 주장은 권위주의 세력의 소멸이라는 민주화 세력이 쟁취한 최대의 성과를 스스로 부정하는 자가당착自家撞着일 뿐이다. 민주주의는 여전히 대한민국에게 가장 중요한 키워드 중의 하나이나, 타는 목마름으로 신새벽 뒷골목에 남몰래 써야 할 정도로 절박한 문제는 더 이상 아니다.

산업화와 민주화의 변증법

제2차 세계대전 이후 신생독립국에는 산업화와 민주화라는 두 가지 과제가 존재하였다. 이를 수행해나가는 방식에서 각 나라는 선택을 달리했다. 한국처럼 선先산업화-후後민주화 노선을 선택한 나라가 있었던 반면, 선先민주화-후後산업화 또는 산업화와 민주화의 병행 발전을 택한 나라들도 있었다.

그런데 어느 노선을 선택했는가에 따라 명암이 엇갈렸다. 하버드 대학의 경제학 교수 로버트 배로Robert Barro는 1997년 발표한 「민주주의는 성장을 위한 처방인가Democracy : A recipe for growth」라는 논문에서 한국, 대만처럼 오직 선先경제 발전−후後민주주의 노선을 선택한 나라들만이 산업화와 민주화 모두에 성공했음을 100여 개 개발도상국들에 대한 실증조사를 통해 입증했다. 그가 발견한 것은 크게 두 가지였다. 1인당 국민소득이나 평균 수명 또는 교육 등에서 큰 성취를 이룩한 국가들은 시간이 경과할수록 민주화돼 간다는 사실과 생활수준이 낮은 상태에서 민주화된 나라들은 시간이 경과할수록 자유를 잃어간다는 사실이었다. 이를 기초로 배로 교수는 산업화 초기의 민주주의는 경제 성장이 도움이 되기보다 오히려 방해가 된다고 결론지었다.

흥미로운 것은 배로 교수의 이러한 논리가 "토대가 상부구조를 규정한다"는 칼 마르크스의 사적 유물론과 일맥상통한다는 점이다. 경제 발전을 통해 중산층이 두터워지고 도시화가 진전되어야 경제적 자유에 대한 욕구가 상승해 자유민주주의의 발전을 촉진시킬 수 있다. 자본주의는 자신의 무덤을 팔 프롤레타리아를 양산해낸다는 마르크스의 지적처럼, 박정희의 개발독재 또한 자신의 무덤을 팔 세력을 양성하였다. 불균형 성장 전략의 성공과 한강의 기적은 도시 중산층을 두텁게 만들었고, 3저호황은 6월 항쟁의 주역인 넥타이 부대를 양산했다. 이는 물론 개발독재의 의도하지 않은 결과였다.

이런 맥락에서 권위주의 시대는 민주화 세력에게는 암흑기였으나, 다른 한편으로는 민주화를 위한 사회경제적 기반 조성기였기도 하다.

1998년 출범한 김대중 정부는 '민주주의와 시장경제의 병행 발전'을 국정 철학으로 내걸었다. 그러나 이는 박정희의 선先산업화 노선이 있었기에 성립 가능한 테제였다. '김대중' 없는 '박정희'는 가능했어도, '박정희' 없는 '김대중'은 불가능했다.

반독재 민주화투쟁은 산업화의 안티테제였다. 그러나 현실의 역사에서 산업화와 민주화는 양자택일의 문제가 아니라 상호작용과 조합의 문제였다. 불균형 성장 전략을 통한 산업화가 실패하였다면, 그 반작용으로 민주화가 앞당겨졌을 가능성이 높다.

하지만 그 같은 민주화의 사회경제적 기반은 튼튼하지 못하였을 것이다. 낙수 효과의 절정인 3저호황을 낳을 수 있었기에 한국의 권위주의 정치체제는 비교적 오래 버틸 수 있었지만, 역으로 자신에게 반기를 들 중산층을 양성했기에 민주화의 거대한 물결 앞에 끝내 무릎을 꿇고 만 것이다. 이후의 민주화는 튼튼한 사회경제적 기반으로 인해 불가역적인 것이 되었다.

그런 점에서 반독재 민주화투쟁은 산업화 시대에 유효한 프레임이었지 민주화 시대에 통용될 수 있는 프레임은 아니다. 권위주의 체제의 종언과 민주화의 진전으로 '민주 대 독재' 구도는 소멸되었다. 이것이 민주화의 역설이다. 산업화 전략이었던 불균형 성장 전략이 종언을 고했듯, 민주화 전략이었던 반독재투쟁의 역사적 실효성도 종료되었다. 한국 사회는 민주화의 결과 다원주의 사회로 이행하였다. 일부 민주화 세력만이 그것을 인정하지 않고 있을 따름이다.

컬러 시대의 흑백 구도

권위주의 시절의 반독재투쟁은 민주화 세력을 흑백논리로 인도하였다. 민주 대 독재·자주 대 예속·통일 대 분단·정의 대 불의 등 선악이분법에 기초한 논리전개가 일반화되었다. 민주화 세력은 이 같은 논리에 입각해 대국민 선전을 하고 대정부 투쟁을 전개해나갔다.

투쟁은 성공했고 정권은 교체되었다. 민주화는 다원주의 사회를 출현시켰다. 이런 사회에서의 정치적 선택이란 개인들의 취향과 선호에 따라 좋고 싫은 것을 고르는 행위이지 절대적으로 옳고 절대적으로 그른 것을 판별해내는 권선징악勸善懲惡의 행위가 아니다.

그런데 일부 민주화 세력은 이 같은 변화를 자신의 논리에 반영시키는 데 게을렀다. 여전히 흑백논리로 자신의 우위를 확보하려 하고 있다. 이들은 스스로를 민주·개혁·평화 세력이라고 부른다. 개혁 대 수구, 전쟁 대 평화 등 권위주의 시절 반독재투쟁을 하던 시절의 논리와 전혀 다를 바 없는 흑백논리를 전가傳家의 보도寶刀처럼 휘두르고 있다. 수구냉전세력의 집권만큼은 무슨 일이 있더라도 막아야 한다는 '반反의 논리'가 횡행하고 있다. 노무현 대통령이 "약육강식의 논리에 기초해 약자에 대한 지원을 반대하는 게 보수고, 힘없는 사람의 연대·참여를 중시하는 것이 진보"라며 예의 선악이분법에 기초한 이념관을 드러낸 것도 이의 연장선상이다.

그러나 이 모든 것은 허공을 향한 주먹질일 뿐이다. 저항 세력에서 집권세력으로 천지개벽의 자리이동이 일어났건만, 그들의 사고방식과 논리구조는 옛날 것에서 한 치도 진보하지 못했다. 아직도 세상을 흑과 백, 선과 악으로 양분하여 국민들에게 배타적 선택을 강요하고 있다. 심지어 선거를 통해 정권을 빼앗겼다고 해서 한국 민주주의를 폄하하는 것은 심각한 자기부정이 아닐 수 없다. 이러한 주장은 자신들이 정권을 잡으면 민주고, 빼앗기면 독재라는 위험천만한 흑백논리로, 다원주의를 핵심가치로 삼는 자유민주주의 사회에는 맞지 않는 반민주적 발상이다.

유신과 5공 시절 민주화 세력은 헌신, 열정, 용기, 진취 등 긍정적 언어의 대명사였다. 특히 이론적 무장과 도덕적 청결 등에서 산업화세력을 압도했다. 그러나 집권세력으로 국가경영의 책임을 맡은 이후 민주화 세력은 자신들의 옛 강점을 계승, 발전시키는 데 실패했다. 흘러간 옛 노래를 계속 부르면서 과거의 잣대로 현실을 재단하고 있다. 자신들이 이룩한 변화에 둔감한, 그리고 새 시대에 맞는 새 상품 개발에 실패한 퇴행적 양상을 보이고 있다.

흑백논리의 정치공학적 실효성은 어떠한가? 최근 10여 년의 사태 전개는 흑백논리의 약효가 2004년 '탄핵역풍 총선'으로 끝났음을 보여준다. 민주화 세력이 흑백논리를 고집하면 할수록, 그들의 독선과 아집은 선명하게 부각된다. 대중의 공감을 얻기도 쉽지 않다. 시대의 흐름에 뒤떨어진 무능한 수구좌파라는 비판이 점점 더 설득력을 얻어갈 뿐이다. 이처럼 민주화 세력의 흑백논리는 정치발전과 민주주의 성숙에 걸림돌이 되었을 뿐더러 정치적인 소득도 거두지 못해 명분과 실리 모두에서 실패했다.

진정한 치유를 위해 민주화 세력은 무엇보다 자신들만이 사회정의의 담지자라는 독선에서 벗어나야 한다. 상대편을 타도와 척결의 대상이 아니라 경쟁과 보완의 대상으로 인정해야 한다. 한국정치의 새로운 과제로 등장한 공존과 상생에 기초한 선의의 경쟁은 바로 이러한 인식의 기초 위에서만 꽃필 수 있다. 컬러 시대의 흑백 구도로는 민주화 세력의 재집권이 힘들 뿐더러 운이 좋아 성공한다 해도 나라의 장래를 밝히기 힘들다.

'공화 없는 민주'의
비극

대한민국은 민주공화국인가

대한민국은 민주공화국이다. 우리 헌법의 1조 1항이다. 많은 사람들이 민주공화국을 말한다. 2008년 광우병 촛불시위 당시에 시위대들이 가장 많이 외쳤던 구호이기도 하다. 노래로도 만들어져 시위현장의 단골 메뉴가 되었다. '대한민국은 민주공화국이다'는 '모든 권력은 국민으로부터 나온다'와 한 묶음이 되어 민주주의의 금과옥조金科玉條로 여겨지고 있다.

민주가 무엇이냐고 물었을 때 답을 못하는 사람들은 거의 없을 것이다. 나라의 주인은 국민이고, 모든 권력은 국민으로부터 나온다는 주권

재민主權在民의 정신은 우리 사회 곳곳에 깊숙이 뿌리를 내리고 있다.

그렇다면 공화는 무엇인가? 아마도 제대로 답할 사람이 많지 않을 것이다. 미국의 공화당을 떠올리기도 하고 박정희 시대의 민주공화당을 생각하는 사람들도 있을 것이나, 도대체 그 핵심 개념이 무엇인지에 대해서는 고개를 갸우뚱할 것이다. 이처럼 공화에 대한 사회적 인식은 민주와 달리 상당히 취약하다.

아마도 군주국과 대비되는 개념으로 공화국을 논하는 것이 일반인들이 가장 이해하기 쉬운 접근법일 것이다. 공화국은 주권을 가진 국민이 직접 또는 간접 선거를 통해 일정한 임기를 가진 국가원수를 뽑고 선출된 국가원수가 국가를 통치하는 국가형태를 의미한다. 이때의 공화는 민주와 거의 동의어로 사용된다. 공화제는 세습에 의한 군주제를 부정하고 등장한 것으로서, 입헌군주제와도 다른 개념이다. 영국과 프랑스에서는 근대 시민혁명을 통해 절대왕정을 타도하고 입헌군주제를 실시하였다. 이후 프랑스를 포함한 여러 나라들은 군주제를 폐지하고 공화국으로 변모했으나, 영국, 네덜란드를 비롯한 일부국가들은 계속해서 입헌군주제를 채택하고 있다. 그러나 왕실의 기능이 국민 통합의 상징 등으로 축소되고 국민주권주의, 권력분립주의, 의회주의, 법치주의 등을 제도적으로 보장하는 경우가 일반적이다. 한편 공화국에는 사회주의국가의 인민공화국도 있고 아시아, 아프리카, 라틴 아메리카의 독재적 공화국도 있다. 3대 세습왕조인 북한도 스스로를 인민공화국이라 부른다. 따라서 오늘날 민주주의 체제에 있어서 공화국이냐 아니냐는 그다지 중요한 요소가 되지 않고 있다.

공화의 의미를 제대로 파악하기 위해서는 공화주의Republicanism에 대해 살펴보아야 한다. 일반적으로 공화주의는 사적私的 이익보다 공공公共의 이익을 우선하여 공동체에 헌신하는 자립적인 공민(시민)이 정치의 주체가 되어야 하며 또한 공화국res publica은 그러한 시민적 덕성Civic Virtue이 없으면 존재할 수 없다는 사상이다.

개인의 자유와 권리보다는 시민으로서 갖춰야 할 덕성을 강조한다는 점에서 공화주의는 자유주의와 대비된다. 논리에 충실하려는 사람들의 눈에는 자유주의와 공화주의는 양립 불가능한 개념으로 비친다.

최장집 고려대 명예교수는 그의 저서 『민주화 이후의 민주주의』에서 "공화주의는 공공선에 대한 헌신, 공적 결정에 대한 적극적인 참여와 모든 시민이 공동체로부터 배제되지 않고 권리와 혜택을 누리는 시민권의 원리, 시민적 덕에 대한 강조를 핵심 내용으로 한다. 즉, 그것은 적극적 시민으로서 정치에 대한 참여와 선출된 공직자의 시민에 대한 사회적·도덕적 책임성의 윤리를 함축한다. 따라서 논리 전개의 방향은 자유주의와 역순으로 작용한다. 사적 자유와 권리로부터 국가의 기능을 도출하고 공적 질서를 구축하는 것이 자유주의라고 한다면, 공화주의는 공익을 우선시하면서 사익이 공적 영역을 침해하면 정치가 부패하고 공공선이 훼손된다고 믿는다. 또한 자유주의가 경쟁의 논리를 강조한다면, 공화주의는 참여의 윤리를 강조한다. 사익은 공익을 대표하는 국가의 제약하에 놓이지 않으면 안 된다"고 하였다. 자유주의와 공화주의를 대립되는 개념으로 파악한 것이다.

그러나 이탈리아 출신인 모리치오 비롤리Maurizio Viroli 프린스턴 대학 정치학 교수는 그의 저서 『공화주의』(김경희·김동규 옮김, 인간사랑, 2006년)에서 "법의 지배는 시민 모두를 똑같이 구속함으로써 시민 개개인을 타인의 자의적 의사로부터 보호하는 역할을 한다"는 공화주의자들의 생각은 "법의 목적은 자유를 폐지하거나 제한하는 데 있는 것이 아니라 자유를 지키고 확대하는 데 있다"는 존 로크의 자유주의로 계승되었다고 분석하였다.

역사적 관점에서 본다면 공화주의와 자유주의의 관계는 일종의 파생 관계이며 원작原作과 개작改作의 관계라는 것이다. 공동체의 최고 목적이 개별 구성원들의 생명, 자유, 소유를 보호하는 데 있다는 원칙은 키케로, 마키아벨리 등 고전적 공화주의자들이 먼저 확립시켜 놓았다는 것이다.

자유주의와 공화주의가 동시에 수용되어 혼합된 대표적 사례는 미국의 건국혁명이었다. 미국 '건국의 아버지들Founding Fathers'은 영국으로부터의 독립을 위한 사상적 무기로 자유주의를 신봉했다. 토마스 제퍼슨이 1776년에 작성한 '독립선언문'에 나타난 자연권(생명권·자유권·행복추구권), 사회계약, 동의에 의한 정부구성 등의 개념은 영국의 자유주의 사상가 존 로크의 영향을 받은 것이었다.

영국 정부의 부당한 간섭으로부터 벗어나고자 했던 이 시기의 미국인들이 공격적 개인주의, 경쟁적 물질주의, 개인의 권리, 실용적 이익집단정치 등을 강조하는 자유주의 이데올로기를 신봉한 것은 자연스러운 선택이었다.

그런데 독립선언문에 나타난 사상이 자유주의만은 아니다. "국왕은 공익 실현에 가장 도움이 될 뿐만 아니라 없어서는 안 되는 법률에 대한 동의를 거부했다"는 구절에서 확인되듯, 법은 공익 실현을 위한 것이라는 공화주의적 정신 또한 표현되고 있다. 로크가 공화주의의 계승자라는 비롤리 교수의 지적 그대로다. 또한 영국과의 독립전쟁에서 승리한 이후 13개 주의 연합인 미합중국이 와해될지도 모르는 위기에 직면하자 미국인들에게는 공적公的 미덕, 즉 개인이 사적私的 이해관계를 공동체의 이익을 위해 기꺼이 종속시키는 신념체계인 공화주의가 더욱 절실해졌다. 이처럼 미국의 건국혁명 사상은 자유주의와 공화주의의 복합물이었다. 혁명의 선구자들은 공화주의적 덕성과 자유주의적 개인주의가 양립 가능하며 상호의존적이라고 믿었다. 이를 자유주의적 공화주의라 부르기도 한다.

사회적 공공선 추구와 시민적 덕성을 핵심 개념으로 삼는 공화주의는 법의 지배Rule of Law에 대한 생각이 어느 사상보다 확고하다. 진정한 자유는 법의 지배에 대한 복종으로부터 나온다는 것이 공화주의 철학의 근간이다. 스스로를 공화주의자라 칭했던 루소는 복종服從, Obedience과 예종隷從, Servitude을 구분하였다. "자유로운 공민은 복종은 하지만 예종하지는 않으며, 지도자는 두지만 주인은 두지 않는다. 자유로운 공민은 오직 법에만 복종하며 타인에게 예종하도록 강제될 수 없는데,

이는 법의 힘 때문이다"고 했다.[30] 법에 복종해야지만 타인에게 예종하지 않을 수 있다는 것이 공화주의적 자유Republican Liberty의 핵심 개념이다.

공화주의는 우리가 타인에 예속되지 않을 때 자유롭다고 생각하는 데 반해, 자유주의는 우리가 외부의 간섭에서 벗어날 때 자유롭다고 생각한다. 공화주의자들에게 진정한 자유는 간섭받지 않는 개인적 이익의 추구가 아니라 법의 지배에 대한 복종을 통해 타인에 대한 예종을 막는 것이었다. 소득에 비례하여 세금을 내라고 강제하는 법률, 살인을 저질렀을 때 중형에 처하는 법률은 분명히 제한이자 규제이며 간섭이다. 하지만 이러한 간섭에 의해 내가 다른 사람들의 자의에 예속되는 것은 결코 아니다. 그래서 법의 집행기관인 공화국이 필요했던 것이다. 자유를 강조한다는 점에서는 대동소이하나, 이 점이 공화주의를 자유방임주의나 무정부주의와 구별 짓는 결정적 요소다.

그런데 민주공화국을 외치는 대한민국의 현실은 어떠한가? 유신과 5공의 권위주의 체제는 집회·시위·결사의 자유를 심각하게 제한하였다. 1980년대 중반까지 시위 주도 내지 적극 참가는 곧 감옥행과 강제 징집을 의미했다. 이렇듯 정상적인 통로를 통한 사회적 문제제기가 힘든 상황에서 민주화 세력은 기습 가두시위, 건물 점거농성, 기물파괴

---

30 비롤리, 앞의 책, 44쪽.

등과 같은 극단적 방식으로 사회적 이목을 집중시켰다. 물론 이는 법질서를 위반한 행동이었으나, 자유민주주의 사회의 기본권인 표현의 자유가 제약되어 있던 상황이었기에 국민적 이해를 얻을 수 있었다.

문제는 절차적 민주주의가 확립되기 시작한 1987년 이후의 과정에서도 민주화 세력의 이 같은 행태가 지속되고 있다는 점이다. 불특정 다수의 시민들에게 막대한 교통 불편을 끼치는 도로점거 시위, 경찰 폭행 및 공공건물 파손, 대학과 종교시설 등의 무단 사용 등 성숙한 민주주의 사회에서는 좀처럼 구경하기 힘든 일들이 일상화되고 있다. 이처럼 민주화 세력은 자유민주적 기본권이 제약돼 있던 상황에서의 법 위반과 절차적 민주주의가 안정적 궤도에 오른 상황에서의 법 위반의 차이점을 전혀 인식하지 못한 채 막무가내로 법질서를 경시하는 행위를 일삼고 있다.

공화 없이 민주 없다. 법에 대한 철저한 복종, 사회적 공공선을 중시하는 시민적 덕성이 결핍되면 민주주의는 피폐해진다. 조석으로 변하는 군중심리에 좌우되는 경박한 민주주의가 아니라 성숙한 시민의식으로 사회적 현안에 대해 심사숙고하는 숙의熟議 민주주의Deliberative Democracy가 실현되기 위해서도 공화주의가 반드시 필요하다. 마이크 출력을 최대화시켜 놓고 고래고래 소리 지르는 자칭 민주개혁세력, 그런 것을 규제하자고 하면 민주주의의 후퇴라고 반발하는 세태 속에서 대한민국은 몸살을 앓고 있다. 그래서 묻지 않을 수 없다. 대한민국은 정녕 민주공화국인가?

공화주의와 관련하여 또 하나 생각해보아야 할 것이 무엇이 진정한 애국인가 하는 점이다. 공화주의는 애국에 대한 기존의 통념을 바꾸어 놓는다. 진정한 애국은 동일한 혈연·언어·문화에서 나오는 선천적·생래적 감정이 아니라, 개인의 자유와 번영을 보장해주는 국가공동체에 대한 후천적, 인공적 열정에서 비롯된다. 자유공화국만이 애국의 대상이 될 수 있다. 이 점이 민족주의적 애국과 구별되는 공화주의적 애국의 핵심적 특징이다. 영국 청교도혁명·미국 건국혁명·프랑스혁명의 주역들이 바로 공화주의적 애국자들이었으며, 히틀러와 무솔리니에 맞서 싸우는 것이 애국적 의무라고 믿었던 레지스탕스도 같은 정신의 소유자들이었다.

그런데 유신과 5공의 권위주의에 맞서 치열하게 싸웠던 한국의 민주화 세력은 공화국을 참칭하고 있는 북한 세습왕조의 폭정과 인권탄압에 대해 침묵하고 있다. 민주화 세력의 최대 오류이자 수치라 아니할 수 없다.

민주주의도 실패한다

권위주의 시절 타는 목마름으로 민주주의를 외치다 보니 부지불식간 不知不識間에 한국인들의 머릿속에는 민주주의는 지고지선至高至善이라는 생각이 자리 잡게 되었다. 그러나 어떠한 사상이나 제도도 더할 나위 없는 최선의 것이 될 수는 없다. 항상 문제점과 모자란 점이 있기 마련이다. 민주주의 역시 마찬가지다.

고대 민주주의가 탄생한 아테네에서 투키디데스, 플라톤 및 아리스토텔레스를 비롯한 주요 이론가들은 그리스 민주주의에 대해 매우 비판적이었다. 이들은 아테네 민주제가 그 이론 및 실천 양면에서 대외적으로는 경박하고 성급하며, 대내적으로는 정치적 불안과 천박한 정신에 의해서 지배된다고 바라보았다. 민주정의 아테네 제국이 과두제 형태를 취한 스파르타 및 그 동맹국들에게 펠로폰네소스 전쟁에서 패퇴한 뒤 쇠퇴의 길을 걸었다는 역사적 사실이 이들로 하여금 민주주의에 대한 부정적 인식을 갖게 한 것으로 보인다. 19세기에 이르기까지 서양의 거의 대부분의 사상가와 정치가들은 민주주의를 불온시하였다. 프랑스혁명이 성공적으로 마무리된 이후에 이르러서야 민주주의라는 용어는 처음으로 긍정적 의미를 띠게 되었다.[31]

경제학에서는 시장실패Market Failure를 거론한다. 완전경쟁의 조건을 충족하지 못하여 시장의 가격기능이 저하되고 자원배분이 효율적이지 못한 현상을 일컫는다. 시장실패의 요인으로는 독과점, 외부효과, 공공재의 존재, 정보의 비대칭성 등이 있다. 이와 대비되는 개념으로 정부실패Government Failure를 논하기도 한다. 시장의 실패를 바로잡아 최적의 자원 배분과 공정한 소득분배를 실현하려는 목적으로 행해지는 정부

---

31 강정인, 『민주주의의 이해』, 문학과 지성사, 1997년.

의 시장개입이 의도한 결과를 내지 못하거나, 기존의 상태를 더욱 악화시키는 현상을 일컫는다.

시장실패냐 정부실패냐의 논쟁은 작은 정부냐 큰 정부냐, 정부의 역할과 기능이 무엇이어야 하는가의 논쟁으로 이어진다. 완전경쟁을 촉진하고 자원배분의 효율성을 증진시킨다는 목적함수는 같지만, 케인지언(자본주의2.0)과 신자유주의자(자본주의3.0)로 나뉘는 이유다.

여기서 한 가지 생각해볼 것이 있다. 시장경제 메커니즘이 작동하고 있는데 시장실패가 발생하고, 정부개입이 이루어지고 있는데 정부실패가 발생한다는 점이다. 이는 민주주의에도 그대로 적용될 수 있다. 민주주의가 기능하고 있는데 민주주의가 실패하는 경우가 발생할 수 있다. 과거에는 민주주의가 제대로 실현되지 않는 민주주의의 결핍과 부족이 문제였다면, 지금은 민주주의가 작동하는 상황에서의 민주주의의 실패가 문제인 것이다.

그렇다면 민주주의의 실패란 무엇인가? 가장 먼저 떠올릴 수 있는 것이 민주적인 선거의 결과로 민주주의가 후퇴하거나 파괴되는 경우다. 1933년 히틀러가 정권을 잡은 것은 괴벨스 등의 선동 탓도 있었겠지만 투표를 통한 유권자들의 선택이었다. 나폴레옹 제국도 남성 보통선거권에 근거한 국민투표로 성립된 체제였다.

민주주의의 실패는 여기에만 국한되지 않는다. 토크빌은 『미국의 민주주의』에서 평등에 대한 집착으로 인한 자유의 위축, 다수의 횡포, 중우정치, 정치권력의 비대화 및 집중화에 따른 국가권력의 전제화專制

化, 공공정신의 사사화私事化를 민주주의의 문제점으로 비판하였는데, 이 모든 것을 민주주의의 실패라 할 수 있다. 정치가 경제의 활력을 저하시키고 혼선을 가중시킬 때, 법과 질서를 무시한 떼쓰기 등 민주주의의 오남용이 이루어질 때, 사익을 공익으로 포장하여 국가정책을 오도하는 이익집단이 활개를 치고 정치인들이 그들의 대변자가 될 때 민주주의는 실패하고 국가의 앞날은 어두워진다.

물론 시장경제와 민주주의의 목적함수는 다르다. 시장경제의 목적함수가 자원배분의 효율성이라면, 민주주의의 목적함수는 공익증진과 갈등조정일 것이다. 그런데 사회적 공공선에 대한 합의가 이루어지지 않은 채 만인의 만인에 대한 투쟁이 일상화되고 대의정치가 갈등조정이 아닌 갈등 증폭의 진원지가 되면 민주주의의 실패는 극에 달하게 된다. 정치는 다양한 이익집단들의 충돌을 공익적 기준에서의 타협과 절충을 통해 접점을 찾아나가는 과정이다. 대의정치는 갈등의 증폭자가 아닌 조정자가 되어야 한다.

그런데 지금 한국정치는 적대와 분열, 저주와 증오의 악순환에 빠져 있다. 노무현 정부 때 체결한 한·미 FTA는 이명박 정부 시절 국회비준 과정에서 최루탄이 터지는 난장판을 겪은 끝에 간신히 통과되었다. 이처럼 실제의 정책적 차이를 훨씬 뛰어넘는 정치적 균열이 일상화·구조화되고 있다. 한국의 사회적 갈등에 따른 경제적 비용은 적게는 연간 82조 원에서 최대 246조 원으로 추산되고 있다. 갈등지수가 OECD 평균 수준에만 머물러도 1인당 GDP가 7% 이상 증가하는 효과를 볼 수 있다고 한다.

현 단계는 '민주화 이후의 민주주의'를 치열하게 고민해야 하는 시기다. 지금 우리 사회는 '민주주의의 성숙이냐 실패냐'하는 기로에 서 있다. 민주주의의 성숙이란 무엇인가? 한마디로 투명하고 예측가능한 사회, 그래서 안정감이 느껴지는 사회의 실현을 의미한다. 민주주의 선진국의 경우, 정권교체 등 정치적 변동이 일어나도 변화의 폭은 제한적이다. 어떤 사회를 만들어갈 것인가에 대한 튼튼한 사회적 합의가 존재하기 때문이다. 그러나 민주주의가 성숙되지 못한 경우 권력투쟁은 전부아니면 전무의 극단적 결과를 낳는다. 그래서 사생결단의 자세로 선거전에 임한다.

결국 정권교체에 따른 진폭이 너무 큰 '8-2 펜들럼' 사회를 비교적안정적인 '6-4 펜들럼' 사회로 전환시키는 것이 현 단계 한국 민주주의의 핵심과제라 할 수 있다.

'6-4 펜들럼' 사회의 실현을 위해 필요한 것은 관용과 상생의 정치문화다. 한국 사회는 이미 상당 수준 다원화되었다. 대통령이라 할지라도특정 잣대를 국민에게 강요할 수 없다. 다양한 목소리를 수렴하여 중심을 잡는 역할을 해야 한다. 이를 위해서는 서로 다름을 인정하고 상대편을 존중하고자 하는 관용의 문화, 다원성 속에서 타인과 공존하고자하는 상생의 문화가 반드시 필요하다. 그래야 한국의 좌우, 보수진보관계는 '적대적 의존'에서 '경쟁적 보완' 관계로 거듭나고 '20세기형 이념갈등'은 '21세기형 정책경쟁'으로 승화될 수 있다. 그러나 한국의 민주주의는 이 점에서 실패하고 있다. 미세한 정책적 차이가 거대한 정치적 균열을 낳고 있다.

시장의 실패는 정부의 적절한 개입으로 보완한다지만, 민주주의의 실패는 무엇으로 보완할 수 있는가? 괴롭더라도 우리가 마주하고 씨름해야 할 숙제다.

표의 노예가 된
여의도 정치

민주주의와 포퓰리즘은 동전의 앞과 뒤

민심民心은 천심天心이라 했다. 모든 권력이 국민으로부터 나오는 민주주의에서는 민심을 얻어야 선거에서 승리할 수 있다. 과거에는 금권선거, 관권선거 등이 기승을 부렸지만, 먹고 살만해지고 민도가 높아진 요즘에는 후보자에 대한 평판이 당락을 결정하는 중대 요인으로 작용하고 있다.

그런데 문제는 유권자들이 항상 후보자들의 진실성과 능력을 정확히 판단하여 투표하는 것만은 아니라는 점이다. 충분하고 객관적인 정보를 근거로 합리적이고 냉철한 판단을 통해 지지자를 결정하여야 함에도 매우 단편적인 정보만으로 감성적이고 충동적인 선택을 하는 경우가 비일비재하다.

엄격히 말하자면, 정치는 진실과 이성의 영역이 아니라 소문과 정서의 영역에 속한다. 마키아벨리는 정치에서 중요한 것은 '실재What Is'가 아니라 '외양What Appears'이라고 했다. 정치의 핵심은 상징과 외양이며, 따라서 통치자는 능란한 위선자여야 한다는 것이다. 정직하지 않더라도 정직하게 보이는 것, 야박하더라도 관대하게 보이는 것이 중요하다고 마키아벨리는 강조했다.

한 예를 들어보자. 동네 공원에 깨진 유리 파편이 널려 있다. 정치인이 발견하면 어떻게 할까? ① 몰래 치운다. ② 사람들이 볼 때 "안 치웠으면 큰일 날 뻔했다"며 치운다. ③ 누군가 밟아 다쳤을 때 병원에 모시고 간다. 인격적으로는 ①이어야 하지만, 정치적 효과로는 ③이 최고다. 피해가 발생하지 않도록 예방하는 것보다 피해자가 생겼을 때 도와주는 것이 훨씬 효과가 크다. 참 괜찮은 사람이라는 입소문도 금방 퍼진다.

콘텐츠도 중요하지만 이미지가 더 중요하다는 것은 현실 정치세계의 상식에 속한다. 콘텐츠보다 이미지가 득표에 미치는 영향력이 크기 때문이다. 바로 이 지점에 민주주의의 취약성과 한계가 존재한다. 돈을 많이 번 기업이 번창하듯, 표를 많이 얻은 정치인이 성공한다. 표를 많이 얻기 위해서는 인기가 있어야 하고 인기를 얻기 위해서는 이미지 메이킹을 통한 평판 관리에 성공해야 한다. 그런 점에서 민주주의는 포퓰리즘을 내장內藏한다. 많은 사람들이 민주주의는 신성하고 포퓰리즘은 천박한 것으로 여기지만, 사실은 동전의 앞과 뒤인 것이다.

포퓰리즘은 정책의 현실성이나 가치판단, 옳고 그름 등 본래의 목적을 외면하고 일반 대중의 인기에만 영합하여 목적을 달성하려는 정치행태를 말한다. 인기영합주의·대중영합주의라고도 한다. 포퓰리즘 정치인들은 대중의 지지를 얻으려고 겉모양만 보기 좋은 개혁, 중장기적인 고려 없이 당장의 국면을 유리하게 이끌려는 선심성 정책을 내세운다. 겉으로는 국리민복을 위한 정책이라 강변하지만 사실은 자신들의 권력 유지 또는 권력획득 수단일 뿐, 국가의 장래에 해악이 되는 경우가 대부분이다. 포퓰리즘은 1890년 미국의 양대 정당인 공화당과 민주당에 대항하기 위해 생긴 인민당Populist Party이 농민과 노조의 지지를 얻기 위해 경제적 합리성을 도외시한 정책을 표방한 데서 유래하였다. 아르헨티나의 페론정권은 선심성 경제정책 남발로 국가경제를 나락으로 몰아넣은 포퓰리즘의 대표적 사례로 꼽힌다.

현실에서 민주주의와 포퓰리즘의 경계를 나눈다는 것은 결코 쉽지 않다. 국가가 국민의 노후를 책임지는 공적 연금은 1889년 독일의 철혈재상 비스마르크가 처음으로 고안해낸 것이다. 독일은 1866년 오스트리아 전쟁과 1870년 프랑스 전쟁에서 승리하고 내부 세력의 통합을 위해 사회보장제도를 실시하였다. 그러나 "늙거나 병들었을 때 연금을 받을 수 있다는 기대감으로 사람들이 유순해져 다루기 쉽다"는 비스마르크의 말에서 확인되듯이, 노령연금의 진정한 의도는 복지가 아닌 대중의 환심 사기에 있었다. 이처럼 오늘날 복지의 대명사가 된 공적 연금은 포퓰리즘의 산물이었다.

민주화 이후의 한국정치에서 나타나는 특징 중의 하나가 지역구 국회의원에 대한 평판의 기준이다. 각종 민원을 잘 해결해주고 지역구 예산을 잘 따오는 의원이어야 인기가 높고 재선 확률이 높아진다. 국회의원들이 지역구 쪽지예산을 비판하는 기사에 자기 이름이 빠졌다고 고마워하기는커녕 오히려 투덜대는 이유는 그런 기사에 이름이 올라야 지역구 여론이 좋아지기 때문이다.

2011년 7월 박재완 기획재정부 장관이 외신기자 간담회에서 여야의 무상복지 확대요구를 미국의 '포크배럴Pork Barrel'[32]에 빗대어 비판하자 여야 국회의원들이 합심해 강력히 반발한 사건은 한국정치의 현 주소를 잘 보여준다. 한국의 여야 정치인들은 미세한 정책적 차이에도 엄청난 정치적 균열을 보이면서도 지역구 예산 챙기기와 선심성 정책경쟁에 있어서는 이심전심으로 의기투합하고 있다. 한국의 의회민주주의는 겉으로는 가치정치를 지향하지만, 속으로는 이익유도형 정치를 일삼고 있다.

헌법 기관인 국회의원들을 돼지고기에 혹한 노예에 비유한 것은 좀 심한 것일 수 있다. 하지만 포크배럴은 민주주의를 실시하는 거의 대부분의 나라에서 관찰되는 현상이다. 호주에서도 포크배럴이란 용어

---

32 특정 지역구를 위한 선심성 사업 혹은 정치자금 후원자를 위한 낭비성 사업을 지칭한다. 원래의 뜻은 '돼지고기 통'으로, 이권 또는 정책 교부금을 얻으려고 모여드는 의원들이 마치 미국 남부의 농장에서 농장주가 돼지고기 통에서 한 조각의 고기를 던져 줄 때 모여드는 노예와 같다는 뜻에서 나온 말이다.

를 사용하며, 덴마크·스웨덴·노르웨이 등에서는 무책임한 선심성 공약을 '선거 돼지고기', 폴란드에서는 '선거 소시지'라 부른다. 필리핀에서는 아예 포크배럴로 불리는 '우선개발보조금'이라는 예산이 운영되고 있다. 정부가 지역개발 용도로 의원들에게 배정하는 돈이다. 그런데 일부 의원과 정부의 운영책임자가 공모하여 100억 페소(약 2500억 원)의 보조금을 빼돌린 사실이 2013년 여름 언론에 의해 폭로되자 마닐라에서만 약 6만 명의 시위대가 포크배럴의 철폐를 요구하는 항의시위를 벌였다.

잃어버린 20년의 나라, 일본도 포크배럴 정치에서 결코 뒤지지 않는다. 그 폐해를 가장 극명하게 드러낸 사례가 JAL(일본항공)의 파산이다. JAL은 2010년 1월 19일 도쿄 지방법원에 회사갱생법 적용(한국의 법정관리)을 신청하였다. 시작은 미약하나 그 끝은 창대하리라는 성경 구절처럼 1951년 필리핀에서 빌린 여객기 1대와 39명의 직원으로 출발한 JAL은 4만 8900명의 직원을 거느린 세계적 항공사로 도약하였고 비상하는 일본의 상징이 되었다. 그런 회사가 부채 2조 3221억 엔의 중압에 견디지 못하고 파산한 것이다. JAL의 주식은 2010년 2월 상장 폐지되었다. 마지막 거래 당시 주가는 1엔이었다.

JAL의 파산이유로는 몇 가지가 거론된다. 무려 8개에 이르는 노조와 업무실적과 무관한 고임금 철밥통 등이 주요 원인으로 지적된다. 그러나 가장 본질적인 요인은 1987년 민영화되었음에도 불구하고 최대주주의 지분이 3%에 못 미쳐 정부의 입김으로 운영되어왔다는 점이다. 민영화 이후에도 사실상의 공기업이었던 셈이다. 100개가 넘는 자회사, 정치권 관계의 낙하산 인사는 JAL의 생명력을 급격히 약화시켰다. 회사를 키우고자 하는 사람은 없고 뜯어먹고자 하는 사람들로 온통 득실거렸다.

가장 심한 것이 정치권이었다. 주지하듯이 일본은 신칸센 등 철도망이 매우 발달한 나라다. 그런데 "우리 지역에 공항을 만들겠습니다"는 정치인들의 공약 덕분(?)에 99개의 공항을 보유한 항공대국이 되었다. 공항을 건설하면 비행기를 띄워야 한다. 만만한 게 JAL이었다. 결국 JAL은 울며 겨자 먹기로 취항을 하였고 70% 이상이 만성 적자노선이 되었다.

이런 회사가 안 망하면 오히려 이상하다. JAL의 파산은 포퓰리즘의 폐해를 극명하게 보여준다.[33] 나는 한일의원연맹 회의 참석 과정에서 일본의 총리급 정치인이 후배 정치인들을 모아놓고 지역구 예산을 배분하는 장면을 우연히 목격하기도 하였다.

그렇다면 한국은 어떠한가? 일본과 난형난제難兄難弟 수준이다. 국내 공항은 14개로 일본만큼 많지는 않지만, 경영효율은 극도로 떨어진다. 2012년 양양공항의 활주로 활용률은 0.5%에 불과했다. 항공기 200편이 뜨고 내릴 수 있는 시설에 1편만 오간 것이다. 원주공항 0.6%, 무안공항 0.7%, 군산공항 1.0%, 사천공항 1.1%, 포항공항 3.3% 등 왜 지었

---

33 살아 있는 경영의 신이라 불리는 교세라 그룹의 창업자, 이나모리 가즈오를 회장으로 투입하여 뼈를 깎는 구조개혁을 거듭한 결과, JAL은 3년 만에 흑자 기업으로 재생하였다. 자세한 것은 『이나모리 가즈오 1155일간의 투쟁』(오니시 야스유키 지음/송소영 옮김, 한빛비즈) 참조.

는지 도대체 알 수 없는 공항들이 즐비하다. 2012년 하루 평균 이용객은 양양 64명·원주 226명·무안 263명·사천 378명·군산 440명·포항 716명에 불과했다. 보통 활주로 활용률이 50% 정도는 나와야 경제성이 있다고 평가된다. 실제 제주(70.2%)·김포(57.6%)와 김해(49.1%)를 제외하고는 모두 적자였다. 적자 규모는 울산 90억 원·포항 82억 원·여수 82억 원·무안 79억 원·양양 77억 원·청주 55억 원·사천 40억 원·대구 31억 원 등이었다.

공항만이 문제가 아니다. 용인, 의정부 등 경전철이 적자투성이로 애물단지가 되었다는 것은 주지의 사실이다. 그나마 사정이 낫다는 7대 대도시의 지하철 역시 부실이 심각하다. 지속된 적자경영으로 2011년 말 현재 일곱 개 지하철공사는 14조 6000억 원의 누적결손상태이며 자본잠식률이 44%에 이른다. 금융 부채는 4조 6000억 원, 이자비용만 915억 원에 이른다. 결국 이들 공사는 2008년 이후 6년간 해당 지자체로부터 9조 원 이상의 수혈을 받아야 했다. 이렇게 된 핵심 원인은 과도한 수요예측에 따른 무리한 재정투자였다. 전국에서 제일 높다는 서울지하철의 수송분담률은 36%인데 파리(58%)·런던(65%)·도쿄(86%) 등과 비교해 매우 낮다. 지역별 수송분담률은 인천 15.1%·부산 12.6%·대구 7.3%·광주 2.5%에 불과하다.

세계 제2의 경제대국 일본에 20년의 잃어버린 세월을 안겨준 것은 초고속 고령화와 내수 위축 등 경제적 환경의 변화만이 아니었다. 표얻는 재미에 빠진 정치인들이 쌈짓돈 쓰듯 나라살림을 거덜 내니 재정 건전성이 나빠지고 국가신인도가 떨어지는 것은 자명한 결과였다. 선심성 예산은 경제를 살리지도 못하고 재정 건전성을 악화시키는 최악의 결과를 초래한다. 이제 한국의 정치인들은 스스로에게 물어야 한다. 우리는 일본과 무엇이 다른가?

4저불황 심화시킨 경제민주화와 무상복지

한국 경제는 2008년 금융위기 극복 과정에서 4저불황에 빠졌다. 이럴 때 필요한 것은 과감한 구조개혁을 통한 경제운용 패러다임의 전환이다. 특히 불균형 성장 전략이 그 수명을 다했음을 인식한다면, 경제의 새싹이 돋아날 수 있는 환경을 조성해야 한다. 그 핵심고리가 규제 혁파를 통한 서비스 빅뱅이다. 통제와 보호라는 관치의 낡은 틀을 혁파하고 이익집단의 집단이기주의를 정면 돌파하여 새로운 시도, 새로운 시장, 새로운 직업 등 기존에 없던 것들이 우후죽순雨後竹筍처럼 생겨나는 서비스산업의 빅뱅을 이루어내야 한다. 그래야 고용 비중은 높은데 산출액과 부가가치 비중이 OECD 꼴찌 수준인 한국 서비스산업의 경쟁력을 획기적으로 강화할 수 있다. 양질의 일자리는 최첨단 자동화 없이는 경쟁력을 유지하기 힘든 제조업이 아니라 의료·교육·문화예술·관광·소프트웨어·금융·비즈니스 서비스(법률·회계·경영컨설팅·광고) 등 고부가가치 서비스업에서 창출된다. 이렇게 되어야 가계와 기업, 수출과 소비 간의 탈동조화 현상을 해소하고 경제성장의 선순환 메커니즘을 재

구축할 수 있다. 즉 디커플링 경제를 리커플링Recoupling 경제로 전환시킬 수 있다.

처음에 반짝하다가 2013년 4분기부터 헤매고 있는 아베노믹스가 우리에게 주는 교훈은 명확하다. 돈을 푸는 양적완화와 정부지출을 늘리는 재정확대만으로는 4저불황을 타개할 수 없다는 사실이다. 아베노믹스의 혼돈은 스스로 세 번째 화살이라고 표방한 신新성장전략의 핵심인 구조개혁이 지연되고 사실상 무산되고 있는 현실에서 비롯되었다. 지방을 줄이고 근육을 늘이는 체질개선과 체력강화는 운동요법과 식이요법의 병행 실천이라는 고통스러운 과정을 거쳐야 비로소 가능한 일이다. 그저 링거주사를 많이 맞고 수혈을 자주 받는다고 해결되는 것은 아니다.

그런데 안타깝게도 4저불황의 늪에 빠져 들어가고 있는 한국 경제에 찾아온 것은 규제혁파와 서비스 빅뱅이 아니라 경제민주화와 무상복지의 광풍이었다. 경제민주화와 무상복지는 원래 민주당 등 진보세력의 전유물이었다. 그러나 새누리당도 2010년 지방선거, 2011년 서울시 무상급식 주민투표, 서울시장 보궐선거 연속 패배의 충격으로 받아들이기 시작하여 급기야는 2012년 총선과 대선의 핵심 캐치프레이즈로 내걸었다.

경제민주화는 헌법 제119조① 대한민국의 경제질서는 개인과 기업의 경제상의 자유와 창의를 존중함을 기본으로 한다. ② 국가는 균형 있는 국민경제의 성장 및 안정과 적정한 소득의 분배를 유지하고, 시장의 지배와 경제력의 남용을 방지하며, 경제주체 간의 조화를 통한 경제의 민주화를 위하여 경제에 관한 규제와 조정을 할 수 있다)에 근거를 두고 있다. 어떤 정치인은 1987년 헌법 개정 당시 경제민주화 조항이 들어간 것은 자신의 노력 때문이었다고 자화자찬하기도 하였다.

그러나 직전 헌법이었던 5공화국 헌법 제120조(① 대한민국의 경제질서는 개인의 경제상의 자유와 창의를 존중함을 기본으로 한다. ② 국가는 모든 국민에게 생활의 기본적 수요를 충족시키는 사회정의의 실현과 균형 있는 국민경제의 발전을 위하여 필요한 범위 안에서 경제에 관한 규제와 조정을 한다. ③ 독과점의 폐단은 적절히 규제·조정한다)에서 확인되듯이 균형 있는 국민경제의 발전을 위한 정부의 경제에 관한 규제와 조정은 원래 있던 조항이었다. 사회정의가 경제민주화로 표현만 바뀌었을 뿐이다.

요컨대 헌법정신은 개인과 기업의 자유와 창의를 기본으로 하되, 시장실패 등 부작용이 발생하면 정부가 개입해서 조정할 수 있다는 것이다. 정부개입은 시장실패의 보완적 수단이지 경제운용의 주요 수단은 아니다. 사회정의의 실현과 균형 있는 국민경제의 발전은 제헌헌법에서부터 존재하던 표현이었는데, 1987년 헌법 개정에서 사회정의가 경제민주화로 용어만 바뀐 것이다.

그런데 경제민주화라는 표현은 사상적으로 혼란의 불씨를 만들었다. 정부는 공정한 시장경쟁의 파수꾼이어야 한다. 불공정거래를 엄단하여 공정한 경쟁 풍토를 조성해야 한다. 노사, 대기업과 중소기업 간의 동반성장을 위해서도 노력하여야 한다. 그런데 이를 굳이 경제민주화라고 표현할 필요는 없다.

경제민주주의Economic Democracy는 자유·평등·박애를 내걸었던 프랑스혁명 과정에서 바뵈프F. Babeuf 등 소수의 평등파에 의해 제기된 개념이었다. 법적인 평등에 경제적인 평등이 더해지지 않으면 혁명은 무의미하다는 주장이었다. 이는 훗날 마르크스의 사회주의로 계승되었다. 자유가 보장되고 법 앞에 만인이 평등하더라도 생산수단이 한 줌도 안되는 자본가계급의 수중에 장악되어 있는 한, 정치적 민주주의는 무의미하다는 논리다. 그래서 마르크스는 자유민주주의를 부르주아민주주의라 불렀다. 『공산당 선언』에서 자본주의 사회의 국가는 전체 자본가계급의 공동사무를 관장하는 하나의 위원회에 불과하다고 주장한 것도 이 때문이었다.

1980년대 운동권에서 사용했던 어법도 이와 동일하다. 정치민주화만으로는 한계가 있으니 경제민주화가 이루어져야 진정한 민주주의가 실현되는 것이라는 논리가 유행하였다. 이때의 경제민주화는 물론 사회주의를 의미하는 것이었다. 물론 경제민주화에는 레닌의 프롤레타리아 독재를 거부하고 의회주의라는 수단을 통해 목표를 점진적으로 달성해나가자는 사회민주주의도 포함되지만, 여하튼 그 맥락은 자유보다 평등을 중시하는, 자유시장보다 정부개입을 선호하는 것이었다. 민주화 이후 이러한 조류는 진보세력으로 이어졌다. 노무현 정부 청와대 홈페이지는 "우리 현대사는 건국의 단계, 산업화의 단계, 절차적 민주화의 단계를 거쳐 이제 실질적 민주화의 단계에 접어들었다"는 시대인식을 피력하였다. 이른바 2단계 민주화론인데 1단계 정치민주화는 이루어졌으니 2단계 경제민주화로 나아가자는 것이다. 최장집 교수는 "민주적으로 조율된 시장경제"라는 보다 구체적인 표현을 제시했다.

이명박 후보와 정동영 후보가 맞붙은 2007년 12월 대선은 '산업화와 민주화를 넘어 선진화로 갈 것인가, 정치민주화를 넘어 경제민주화로 갈 것인가'라는 상반되는 두 시대정신 간의 싸움, 즉 선진화 대 경제민주화의 구도였다. 이명박 정부의 탄생은 선진화시대의 개막으로 인식되었다. 2008년은 '건국 60주년=선진화 원년'으로 멋지게 맞아떨어지기도 하였다.

그러나 금융위기의 급습으로 인한 경기 침체로 선진화 담론의 매력은 떨어져 갔고 2012년 총선과 대선이 다가오자 한나라당의 새로운 주체세력은 새누리당으로 당명을 바꾸고 경제민주화를 전면에 내걸었다. 그리고 선거에서 승리하였다. 경제민주화 공약이 선거승리에 어느 정도 공헌하였는지는 계량하기 힘들다. 다만 많은 사람들이 새누리당의 승리에 경제민주화 공약이 기여한 것으로 평가한다. 나 역시 현실 정치에 몸담았던 사람으로서 이러한 평가에 상당 부분 공감한다.

그럼에도 불구하고 반드시 성찰해야 할 점이 있다. 새누리당이 선거 공학에서는 승리했지만, 정치철학에서는 패배했다는 점이다. 선거승리가 중요하지 정치철학이 뭐가 중요하냐고 반문할는지 모르겠으나, 그렇게 간단히 볼 문제는 아니다. 공정경쟁과 동반성장을 강조하는 것으로 충분했던 것을 굳이 경제민주화라는 좌파의 개념을 차입함으로써 집권 이후 경제운영에서 혼란을 자초한 측면이 크다. 새누리당 정강정책에 있는 경제민주화 조항을 살펴보자.

한마디로 애매하다. 방향성이 뚜렷하지 않다. 시장경제의 효율 극대화와 경제민주화라는 이질적 요소가 잡탕으로 섞여 있다. 그러다 보니 도대체 경제민주화가 무엇이냐를 둘러싸고 집권세력 내부에서부터 갑론을박이 터져 나왔다.

사회과학의 진리는 고정불변의 것이 아니다. 절대적이기 보다는 상대적이며, 상황의 산물이다. 나는 근본주의자 Fundamentalist가 아니다. 1930년대 대공황의 시대에 살았다면 적극적인 재정확대를 통해 유효수요를 창출하자는 케인지언이 되었을 것이고, 1980년대 영국이나 미국에서 살았다면 공공부문의 비효율과 경직적 노사관계, 복지병 등을 치유하기 위해 대처리즘이나 레이거노믹스를 지지했을 것이다.

경제민주화 역시 마찬가지다. 경제민주화가 4저불황에 빠진 한국 경제에 활기를 불어넣을 수 있다면 그것이 비록 자유주의자의 사상적 족보에 없던 좌파의 전유물이었다 해도 적극 수용하였을 것이다. 그러나 경제민주화는 그럴만한 대상이 아니었다. 빨간불과 파란불이 동시에 켜져 있는 신호등을 보면 사람들은 당황한다. 건너라는 것인지 멈춰 서 있으라는 것인지 도통 알 수가 없다. 경제에 있어서도 신호는 무척 중요하다. 미국의 중앙은행인 FRB 의장은 시장에 분명한 신호를 보내기 위해 말 한마디를 다듬고 또 다듬는다. 그런데 새누리당의 경제민주화론은 경제주체들을 헷갈리게 했다. 자유롭게 경제활동을 하라는 것인지 까불지 말고 몸조심하라는 것인지 그야말로 알쏭달쏭한 것이었다. 경제민주화를 경제활성화와 모순되지 않는 것이라 강조하면 할수록, 경제민주화가 도대체 무엇인가에 대한 의문이 증폭될 뿐이었다. 결국 경제민주화는 경제주체들의 심리를 위축시켜 투자와 소비를 냉각시킴으로써 4저불황을 심화시켰다.

4저불황을 심화시킨 정책은 또 있었다. 경제민주화의 형제격인 무상복지다. 새누리당은 공식적으로는 생애주기별 맞춤형 복지를 표방하였지만, 무상보육, 기초연금, 고교 수업료 무상, 반값등록금 등 사실상 무상복지를 주요 공약으로 내걸었다. 2008년 금융위기 이후 한국 사회는 저성장 속 복지 확대라는 난제에 빠져 있다. 재정 건전성을 해치지 않는 범위 내에서의 저성장 속 복지 확대는 사막에서 오아시스 찾는 것보다 더 힘들다.

그렇다면 이 같은 상황에서 한국형 복지의 길은 어디서 찾아야 할 것인가? 해답은 고용률 증대와 복지 확대를 결합시키는 데 있다. 바로 일하는 복지Workfare의 전면적 실현이다. 워크페어는 일Work과 복지Welfare의 합성어로 '일하는 사람을 위한 복지Welfare to Work'를 의미한다. 일하는 것을 조건으로 공적 부조를 베푸는 것이다. 이 개념은 영국이 1970년대 말 IMF의 구제금융을 받게 되자 경제위기를 타개하기 위해 도입한 것이다.

당시 과도한 복지 혜택이 근로의욕을 떨어뜨려 경제 활력을 저해한다는 비판에 직면한 영국 정부는 복지제도의 핵심을 일자리로 이동시켰다. 실업자가 실업수당을 수령하기 위해서는 직업센터를 찾아가 자신이 일자리를 찾고 있으며 일자리가 생기면 즉시 일할 수 있다는 의지를

---

34 워크페어는 1969년 봄 닉슨 행정부 내에서 복지파와 반복지파의 대립으로 정책 집행이 늦어지자 당시 노동부 장관 조지 슐츠(George Shultz, 1920~)가 일종의 타협책으로 제시한 개념이기도 하다. 1969년 8월 8일 대국민 연설에서 닉슨은 "What America needs now is not more welfare, but more 'workfare'(오늘날 미국에 필요한 것은 더 많은 복지가 아니라 더 많은 워크페어입니다)"라고 선언했다. 1997년 외환위기 직후 김대중 정부가 도입한 생산적 복지 개념도 여기에 해당된다고 할 수 있다. 워크페어가 일하는 사람들만을 위한 복지로 오해되어서는 안 된다. 근로 능력이 없는 사회적 약자들에게 공적 부조를 제공하는 것은 워크페어의 정신에 부합된다. 근로 능력이 있는데 의지가 없는 사람들에 대한 복지 혜택을 제한하자는 것이 워크페어의 기본 정신이다.

보여주어야 했다. 직업센터가 요구하는 직업훈련을 거부하거나 면담이나 직업계획 프로그램에 불참하면 수당이 중단되거나 감소하였다. 한마디로 일할 능력은 있는데 의사가 없거나 준비를 소홀히 한다면, 실업수당을 받을 수 없다는 것이었다.[34]

한국 역시 이와 같은 길을 가야 한다. 영국처럼 복지 축소가 아니라 복지 확대의 원칙으로 워크페어를 제시한다는 점에서는 맥락이 다르지만, 지속가능한 사회를 구현하기 위해서는 반드시 가야 할 길이다. 복지급여 수급자 중 근로 능력이 있는 저소득층에게는 취업능력 제고를 위한 직업훈련 및 취업알선 등 취업패키지를 우선 제공하고 불성실 참여 시 관련 복지급여를 중지시키거나 삭감해야 한다.

더불어 무상보육·기초연금·국민행복기금·반값등록금 등 주요 복지공약도 워크페어의 정신과 원칙에 입각해 재조정하여야 한다. 그러지 않으면 고용률 증대와 복지 확대가 맞물리지 않고 따로 노는, 즉 복지지출은 늘었는데 고용률은 제자리걸음을 하는 사태를 피해갈 수 없다.

우리보다 잘사는 선진국들의 근로 포기 비율이 우리보다 낮다면, 해법은 간명하다. 더 많은 사람들이 일터에 나가야 한다. 경제활동 참가율을 끌어올려야 한다. 이제 한국 사회의 모든 시스템은 '워킹 프렌들리Working Friendly'로 전면 개조되어야 한다. 워크페어의 정신하에 땀 흘린 사람들이 대접받는 근로친화적 환경을 조성해야 한다. 이러한 인센티브 시스템의 혁신이 있어야 일해야겠다는 사람이 늘어나면서 근로문화의 일대 혁신이 가능해진다. 근로소득이 늘어나 소비가 신장되고 세수가 증대된다.

그런데 무상복지는 이와는 정반대 방향으로 국민을 인도한다. 무상복지 중에서도 가장 엉터리로 설계되고 예산도 많이 잡아먹는 것이 무상보육이다. 통계청이 2013년 3월에 발표한 자료에 의하면, 2012년 20대 여성의 경제활동 참가율은 62.9%로 20대 남성(62.6%)을 처음으로 앞질렀다. 전반적으로 여성의 경쟁력이 향상되었기 때문인 것으로 분석된다. 여성의 대학 진학률은 2009년 82.4%로 남성(81.6%)을 추월한 뒤 4년째 우위를 지키고 있다. 공무원시험에서도 여성 경쟁력의 향상은 지난 수년에 걸쳐 입증되었다. 양성평등의 구현이란 관점에서 바람직한 변화다.

문제는 결혼해서 아이를 낳고 길러야 하는 30대 이후가 되면 상황이 달라진다는 점이다. 2012년 30대 여성의 경제활동 참가율은 56.0%로 남성(93.3%)에 비해 37.3%포인트나 낮았다. 30대에서 추락했던 여성의 경제활동 참가율은 40대가 되면 다시 올라가 2012년의 경우 65.9%를 기록했다. 이른바 경력단절의 'M자형 곡선'이다. 2013년 6월 가사와 육아 전념자는 721만 9000명으로 집계되었다. 같은 시점 15세 이상 인구는 4209만 8000명으로 생산가능인구 6명 중 1명이 가사와 육아에 전념하고 있는 셈이다. 비경제활동인구 1580만 7000명 중에서는 45.6%가 전업주부였다. 이처럼 가사와 육아 전념자가 많은 이유는 직장과 가정의 양립이 수월치 않아 취업을 포기한 여성들이 많기 때문이다.

따라서 여성의 경제활동 참가율을 높이기 위해서는 일과 양육의 양립을 원활하게 하는 데 정책의 초점이 맞추어져야 한다. 그러나 현실에서는 이 같은 명쾌한 목표를 일탈한 정책들이 난무하고 있다. 정부는 2013년부터 0세부터 5세까지의 영유아에 대한 전면 무상보육을 실시하고 있다. 부모의 소득과 상관없이 보육 시설에 보내면 보육료(0세의 경우 월 39만 4000원)를 지원해주고, 집에서 키우면 양육비(0세의 경우 월 20만 원)를 지원해준다. 그러나 이 정책의 가장 큰 맹점은 워킹 맘과 전업주부에 대한 합리적 차등을 두지 않아 보육 시설에서 반일만 맡아줘도 되는 전업주부 아이들을 우선 입소시키고 전일 보육을 해야 하는 워킹 맘 아이들은 뒷전으로 밀리는 사례를 양산하고 있다는 점이다.[35] 엉성한 제도설계로 '워킹 맘 울리는 무상보육'이라는 의도하지 않은 결과를 낳고 있는 것이다.

한국 여성의 경력단절은 육아휴직 제도가 제대로 운영되고 있지 않아 좀처럼 개선의 기미를 보이지 못하고 있다. 물론 법적으로는 1년간의 육아휴직이 보장되고 고용보험기금에서 통상임금의 40%(최대 100만 원)의 급여를 지급받을 수 있지만, 현실에서는 '그림의 떡'이다. 서울시 통계에 따르면 시 직원들의 육아휴직 사용률은 2008년 5.2%, 2009년

---

35 법적으로는 아침 7시 30분부터 저녁 7시 30분까지 12시간을 맡길 수 있다. 그러나 전업주부는 대개 늦게 데려오고 일찍 찾아가기 때문에 보육 시설에서는 전업주부 아이들을 선호한다. 결국 워킹 맘들은 법적 보장시간을 충분히 누리지 못하고 보육 시설의 눈치를 보는 경우가 다반사다. 다음은 한 사례다. "복직하려고 어린이집을 알아보니 원장이 저녁 7시까지 애를 봐줄 수는 없다고 하네요. 다들 아침 10시에 아이를 맡기고 오후 3시가 되면 데려간다며 아예 거부하더군요. '맞벌이들도 조부모가 와서 일찍 데려가던데…'라며 종일반에 맡기려는 저를 이상하다는 듯 쳐다보네요." (네티즌 박모 씨). 《머니위크》 2013년 4월 23일.

6.6%, 2010년 7.7%, 2011년 8.5%로 매우 저조하였다. 육아휴직 대상자 10명 중 1명도 사용하지 않고 있는 것이다. 법적으로 보장되어 있는데도 육아휴직을 사용하지 않는 이유로는 대부분의 조사에서 '눈치가 보여서'와 '복직이 될 것 같지 않아서' 등이 1, 2위로 꼽혔다. 사용하지 않는 것이 아니라 못하는 것이다.

만 2세가 될 때까지는 부모가 키우는 것이 아이의 정서적 안정과 발육에 가장 좋다는 것이 만국의 공통된 육아철학이다. 그러나 현재의 한국은 육아휴직을 그림의 떡으로 만드는 사회풍조와 집에서 키우는 것보다 보육 시설에 보내는 것이 경제적으로 이득(0세의 경우 약 두 배 차이)이라고 판단하게 만드는 잘못된 제도설계 탓으로 육아정책을 그릇치고 여성의 경력단절 현상을 개선하지 못하고 있다.

대부분의 선진국에서는 일하는 여성이 육아와 직장을 병행할 수 있도록 보육서비스를 제공한다. 또한 보육서비스와 같은 사회보장제도는 국민이라면 누구나 일하고 세금을 낸다는 전제 조건 아래 설계되어 운영된다. 많은 복지주의자들이 예찬하는 스웨덴의 경우 매우 관대하고 후한 사회보장이지만, 일하지 않으면 최소한의 급부밖에 받지 못한다. 스웨덴은 우리와 달리 무상보육이 아니다. 부모의 소득 정도와 자녀수에 따라 보육료를 차등 지불하고 있다. 반면 육아휴직 제도는 우리보다 훨씬 관대하다. 16개월의 육아휴직(아빠 2개월 반드시 포함)이 허용되며, 최소 13개월은 종전 급여의 77.6%를 육아휴직보험(부모보험)에서 지급받는다. 참고로 스웨덴의 여성 경제활동 참가율은 70%대로 세계 최고 수

준이다.[36]

스웨덴과의 간단한 비교를 해보더라도 현재의 무상보육정책은 잘못 설계되어 있다. 워킹 맘 아이들은 전일제, 전업주부 아이들은 반일제로 바꾸고 보육료 지원도 차등을 두어 워킹 맘 아이들이 차별받는 것부터 없애야 한다. 2012년 말 복지부는 이와 비슷한 개선안을 제출하였으나 정치권의 거부로 무산되었다. 고용노동부에 따르면 육아휴직을 쓴 근로자는 2011년 5만 8137명에서 2012년 6만 4069명으로 1년 새 5935명(10.2%)이 증가했다. 고용보험기금에서 지급하는 육아휴직 급여 지급액은 총 2762억 원에서 3577억 원으로 815억 원(29.5%) 늘었다. 국비만 연간 9조 원가량 소요되는 무상보육에 비하면 적은 액수다. 전업주부 자녀 반일제 보육이라는 제도개선을 통해 무상보육 예산을 절감해 육아휴직 수당을 늘리는 과감한 조치가 필요하다.

새누리당의 복지정책은 김대중 정부의 생산적 복지, 노무현 정부의 '비전 2030'보다 지속가능성이라는 측면에서 뒤떨어진다. 국가재정에 끼치는 부담도 훨씬 크다. 반면 경제활성화에는 아무런 도움이 안 된다. 아니 자조자립의 건전한 정신을 약화시켜 오히려 경제활성화에 장애가 되고 있다. 하늘은 스스로 돕는 자를 돕는다는 오래된 격언에 역행하고 있다.

---

36 스웨덴 복지에 대해서는 『스웨덴 패러독스』(유모토 켄지·사토 요시히로/박선영 옮김, 김영사, 2011년)을 참조할 것.

무상복지의 부작용은 여기서 끝나지 않는다. 불평등도 심화시킨다. 4저불황으로 세수증대가 어려운 상황에서 무상복지는 결국 아랫돌 빼서 윗돌 괴는 재정운영을 초래할 수밖에 없다. 무상복지는 보편적 복지라는 미명 아래 부자들에게도 적용되어 다른 서민복지예산을 잡아먹고 있다. 무상급식으로 저소득층 자녀들의 방과후교실 자유수강권 예산과 초등돌봄교실 대상이 축소되었고 영어전용교실 마련과 원어민교사 채용이 어려워졌다. 사교육을 감당하기 힘든 서민층에게 직격탄이 되고 있다. 서민복지예산 축소는 또다시 소비 여력 축소로 이어진다. 이렇듯 4저불황의 시름은 경제민주화와 무상복지를 만나 더욱 깊어지고 있다.

두 개의 인구보너스기
그리고 대한민국

두 개의 인구보너스기가 한국 사회의 흐름을 바꾸고 있다. 하나는 이미 알려진 것이나 제대로 인식되지 않고 있는 것이며, 다른 하나는 이제부터 새롭게 인식해야 할 것이다. 소속으로 구분하자면 전자는 경제 분야이고 후자는 정치 분야이다. 진행 상황으로 보면 전자는 이미 끝났고 후자가 시작되었다. 2012년이 그 분기점이었다. 한국 경제의 인구보너스기는 2012년에 끝났지만, 새누리당의 인구보너스기는 2012년에 시작되었다. 이 두 개 인구보너스기의 특성과 전망 그리고 의미를 파악하는 것은 시대의 변화를 읽는 창窓이 될 것이다.

2012년에 종료된 한국 경제의 인구보너스기

고령화가 경제에 미치는 가장 큰 영향은 일할 사람은 줄어드는데 부양받을 사람은 늘어난다는 점이다. 이는 소비 위축과 GDP 감소로 연결된다. 은퇴자들은 늘어난 기대여명에 대한 대비책으로 씀씀이를 줄인다. 또한 생산가능인구(15~64세)의 감소로 근로자 수가 줄어드니 소비가 위축되는 것은 불가피하다. 베이비붐 세대의 은퇴가 본격화되면, 이러한 현상은 심화된다. 한국의 베이비부머(1955~1963년)들은 이미 은퇴하기 시작했다.

인구보너스기는 생산가능인구가 피부양인구(0~14세, 65세 이상)보다 빠르게 증가하는 시기를 일컫는다. 이 같은 인구보너스 효과는 '인구배당 효과'라고도 불리는데, 생산가능인구의 증가에 따라 노동력과 소비가 늘고 부양률(피부양인구/생산가능인구)이 하락하면서 경제성장이 촉진되는 효과를 일컫는다.

고령화는 65세 이상 인구가 증가하여 전체 인구에서 차지하는 고령자의 비중이 커지는 현상을 뜻한다. 한국 사회의 고령화는 이미 오래전에 시작되었다. 〈표 14〉에서 확인되듯이 한국의 고령화는 1970년대부터 시작되어 빠른 속도로 진행되고 있다. 세계 최고속이라는 점은 익히 알려진 사실이다.

인구보너스기의 종료는 고령화의 변곡점이다. 고령화가 진행되더라도 생산가능인구의 비중이 증가하면 인구배당효과는 지속된다. 생산가능

〈표 14〉 연령별 인구 추이

(단위: 천 명, %)

		1970	1980	1990	2000	2010	2012	2020	2030	2040	2050	2060
인구수	0~14세	13,709	12,951	10,974	9,911	7,975	7,559	6,788	6,575	5,718	4,783	4,473
	15~64세	17,540	23,717	29,701	33,702	35,983	36,556	36,563	32,893	28,873	25,347	21,865
	65세 이상	991	1,456	2,195	3,395	5,452	5,890	8,084	12,691	16,501	17,991	17,622
구성비	0~14세	42.5	34.0	25.6	21.1	16.1	15.1	13.2	12.6	11.2	9.9	10.2
	15~64세	54.4	62.2	69.3	71.7	72.8	73.1	71.1	63.1	56.5	52.7	49.7
	65세 이상	3.1	3.8	5.1	7.2	11.0	11.8	15.7	24.3	32.3	37.4	40.1
	계	100.0	100.0	100.0	100.0	100.0	100.0	100.0	100.0	100.0	100.0	100.0

자료: 통계청, 「장래인구추계」 2010

인구의 비중이 정점을 찍고 하강하는 시점에 인구보너스기는 종료된다. 이미 진행되어 오던 고령화의 경제적 파장은 마이너스로 전환된다. 인구보너스기가 끝나면 인구구조가 경제에 부담이 되는 인구오너스기가 시작된다.

세간의 주목을 받지는 못했지만, 한국의 인구보너스기는 이미 2012년에 끝났다. 2012년에 생산가능인구 비중은 73.106%로 최고치를 기록한 후 2013년에 73.102%로 미세하게나마 하락했다. 통계청 추계로는 2014년 73.058%, 2015년 73.005%, 2016년 72.909%로 지속적으로 하강하게 된다. 반면 부양률은 2012년 36.79%로 역대 최저치를 기록한 후 2014년 36.87%, 2016년 37.15%로 증가한다.

인구보너스기가 끝났다고 해서 그 변화가 쉽게 체감되지는 않는다. 첫째, 앞의 수치처럼 생산가능인구의 비중이 매우 완만하게 하락하기 때문이다. 둘째, 생산가능인구의 비중은 하락해도 생산가능인구의 절

<표 15> 2012년 인구보너스기의 종료

(단위 : 천 명, %)

		2007	2008	2009	2010	2011	2012	2013	2014	2015	2016	2017
인구수	0~14세	8,725	8,489	8,232	7,975	7,771	7,559	7,370	7,199	7,040	6,899	6,840
	15~64세	35,046	35,408	35,694	35,983	36,353	36,556	36,712	36,889	36,953	37,039	37,018
	65세 이상	4,828	5,052	5,256	5,452	5,656	5,890	6,138	6,386	6,624	6,864	7,119
구성비	0~14세	18.0	17.3	16.7	16.1	15.6	15.1	14.7	14.3	13.9	13.6	13.4
	15~64세	72.1	72.3	72.6	72.8	73.0	73.1	73.1	73.1	73.0	72.9	72.6
	65세 이상	9.9	10.3	10.7	11.0	11.4	11.8	12.2	12.7	13.1	13.5	14.0
	계	100.0	100.0	100.0	100.0	100.0	100.0	100.0	100.0	100.0	100.0	100.0

자료: 통계청, 「장래인구추계」 2010

대 수가 늘어나는 일종의 '완충기'가 존재하기 때문이다. 일본은 인구보너스기가 1991년에 종료되고 5년 후인 1996년부터 생산가능인구가 줄어들었다. 이 기간 중 생산가능인구의 비중은 69.78%에서 69.25%로 줄었지만 절대 수는 약 60만 명 늘어났다.

나라 전체적으로 보면 소득이 늘고 소비가 개선될 수 있는 시기였다. 한국은 2016년부터 생산가능인구가 감소할 것으로 전망된다. 4년간의 완충기가 주어지는 셈이다.

이상의 이유로 한국 사회는 인구보너스기의 종료를 주목하지 않고 있다. 그러나 시간의 범위Time Span를 넓게 잡아 관찰하면, 이 시점의 변화가 얼마나 결정적 분수령이 되었는지를 알 수 있을 것이다. 2016년부터 생산가능인구가 줄어들면 우리는 이제껏 경험해보지 못한 새로운 현실과 마주쳐야 한다. 취업자 수는 줄어드는데 고용률은 올라가는 기현상이 발생할 수 있기 때문이다.

고용률(취업자 수/생산가능인구)을 계산할 때의 분모인 생산가능인구가 줄기 때문에 그 감소폭보다 취업자의 감소폭이 작을 경우 고용률은 올라간다. 이는 경제에 부정적 영향을 미친다. 전체 취업자 수의 감소로 근로소득이 줄고 그만큼 소비가 위축되어 가뜩이나 얼어붙은 내수시장이 더 냉각되기 때문이다. 이런 상태에서의 고용률 70% 달성은 아무런 의미가 없다.

인구보너스기가 밀물이라면, 인구오너스기는 썰물이다. 밀물 시의 불경기는 견딜 만하지만, 썰물 시의 불황은 끔찍하게 다가온다. 밀물이 썰물로 바뀌는 지점에 서 있는 관계로 사람들이 아직 썰물의 위력을 체감하지 못하고 있을 뿐이다.

시니어 파워가 만든 새누리당의 인구보너스기

한 케이블 TV가 2013년 7월부터 10월까지 이순재, 신구, 박근형, 백일섭 등 평균 연령 76세의 원로배우 네 명을 앞세운 리얼리티 예능 프로그램 〈꽃보다 할배〉를 방영했다. 총 14회의 평균 시청률은 5%를 넘어(AGB닐슨) 동 시간대 지상파 채널의 웬만한 프로그램을 따돌렸다. 한마디로 대박을 터뜨린 것이다. 시즌 2인 〈꽃보다 누나〉도 히트를 치고 있다.

한국 사회의 초고속·압축 고령화는 시니어 파워를 급속도로 키우고 있다. '꽃보다 할배' 현상은 문화예술에만 국한되지 않는다. '제왕적'이

그림61 | 생산가능인구 비중과 부양률의 장기 추이

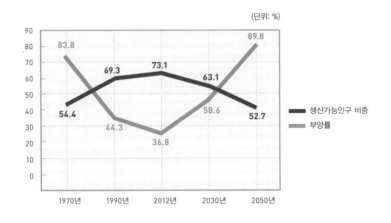

라는 수식어가 늘 따라다니는 대통령 권좌를 결정하는 중대 요인으로
까지 부상하고 있다. 2012년 12월의 18대 대통령선거는 시니어 파워의
위력을 유감없이 보여주었다.

일반적으로 선거결과에 영향을 미치는 요인을 상황적 요인과 구조적
요인으로 나눈다. 상황적 요인은 인물 경쟁력, 선거기간의 핫 이슈, 돌
발사태 등으로 구성된다. 구조적 요인은 흔히 말하는 3대 요인 즉, 지역
과 세대 그리고 이념에 따른 대결구도를 일컫는다.

선거가 끝나면 승인에 대한 다양한 분석이 제기된다. 논공행상論功行
賞이 뒤따르기 때문에 광光을 내려는 사람들이 급증한다. 18대 대선에
서 박근혜 후보 당선의 상황적 요인으로는 NLL 포기 쟁점화, TV토론
에서의 통진당 후보의 막말, 문재인·안철수 두 후보 간의 매끄럽지 못

한 단일화 등을 꼽을 수 있다.

그렇다면 구조적 요인은? 물론 지역·이념·세대의 3요인이 모두 작용했을 것이다. 개표결과를 보면 영남–새누리당, 호남–민주당의 구도는 변함이 없다. 그러나 세대와 이념 요인의 영향력은 관련 수치가 개표결과에 전혀 집계되지 않으므로 확인하기 어렵다. 이럴 경우 동원할 수 있는 방법은 개표결과와 가장 근접한 출구조사의 수치를 이용하는 것이다. 18대 대선에서의 이 같은 조사결과는 KBS·MBC·SBS 공동 출구조사였다. 박근혜 50.1%, 문재인 48.9%로 실제 개표결과와 오차범위 내에서 근접하였다.

〈표 16〉 2012년 18대 대선 개표결과

	박근혜	문재인
총 득표 수	15,773,128	14,692,632
총 득표율	51.55%	48.02%

방송 3사 출구조사에서는 연령별 투표율과 득표율도 조사되었다. 그 수치는 〈표 17〉, 〈표 18〉과 같다. 참고로 선거관리위원회는 대선이 끝난 후 전체 선거인 중 10.3%를 대상으로 표본조사를 한 성별·연령대별·지역별 투표율 분석 결과를 2013년 2월 15일 공개하였다(방송 3사 조사치와 약간의 차이가 있음). 그러나 득표율이 공개되지 않아 분석 작업에 쓸 수 없음을 밝혀둔다.

<표 17> 18대 대선 방송 3사 연령별 투표율 조사치

	투표율
20대	65.2%
30대	72.5%
40대	78.7%
50대	89.9%
60대 이상	78.8%

<표 18> 18대 대선 방송 3사 연령별 득표율 조사치

	박근혜	문재인
20대	33.7%	65.8%
30대	33.1%	66.5%
40대	44.1%	55.6%
50대	62.5%	37.4%
60대 이상	72.3%	27.5%
전체	50.1%	48.9%

위의 수치를 가지고 방송 3사 출구조사의 정확도를 계산해보면 〈표 19〉과 같다. 선관위가 발표한 공식 유권자 수에 방송 3사의 연령별 투표율과 득표율을 곱한 결과를 더하는 방식이다. 박근혜 후보의 득표 수가 실제 개표 결과보다 약간 덜 잡히고 문재인 후보의 득표수가 실제 개표 결과보다 조금 더 잡혔으나, 통계학적 오차범위 내에 있음이 확인된다.

여기서 한 가지 의문을 던져볼 수 있다. 노무현은 이겼는데 그 계승자인 문재인은 왜 진 것일까? 인물경쟁력이 뒤떨어졌기 때문일까? 아니면 포장마차 러브 샷 단일화 같은 멋진 드라마를 연출하지 못해서였을

	유권자 수 (a)	투표율(%) (b)	득표율(%)		득표 수	
			박근혜(c1)	문재인(c2)	박근혜 (axbxc1)	문재인 (axbxc2)
20대	6,619,594	65.2	33.7	65.8	1,454,484	2,839,912
30대	8,155,003	72.5	33.1	66.5	1,956,997	3,931,731
40대	8,815,045	78.7	44.1	55.6	3,059,411	3,857,217
50대	7,780,332	89.9	62.5	37.4	4,371,574	2,615,950
60대 이상	8,428,748	78.8	72.3	27.5	4,802,060	1,826,510
전체					15,644,526	15,071,319
실제 개표결과		75.8	51.55	48.02	15,773,128	14,692,632

까? 그도 아니면 안보불안세력 논란에 대해 "그럼 사랑하는 아내를 버렸어야 한단 말입니까"라는 식의 빼어난 임기응변이 부족해서였을까?

그런데 〈표 19〉를 자세히 들여다보면 한 가지 특이한 사항이 발견된다. 40대 유권자 층에서는 문재인 후보가 박근혜 후보보다 11% 가량 득표율이 높았다는 점이다. 이는 선거분석의 정설로 여겨져 온 '40대 캐스팅보트론'과 부합하지 않는 결과다. 그렇다면 2002년 16대 대선 때는 어떠했을까? 16대 대선 출구조사 중 가장 정확했던 것이 KBS 조사였다(당시에는 방송 3사가 별도로 조사함). 실제 개표결과는 노무현 48.91%, 이회창 46.58%로 2.33% 차였는데, KBS 예측치 역시 노무현 49.1%, 이회창 46.8%로 2.3% 차였다. 당시 KBS가 조사한 연령별 득표율은 〈표 20〉과 같다.

그럼 여기서 〈표 19〉과 〈표 20〉을 비교해보자. 20대와 30대에서 이기고 50대와 60대 이상에서 진 것은 노무현, 문재인 두 후보 모두 같

<표 20> 2002년 16대 대선 KBS 출구조사

	노무현	이회창
20대	62.1%	31.7%
30대	59.3%	33.9%
40대	47.4%	48.7%
50대	39.8%	58.3%
60대 이상	34.9%	63.5%
전체	49.1%	46.8%

<표 21> 2002년 16대 대선 실제 개표결과

	노무현	이회창
총 득표 수	12,014,277	11,443,297
총 득표율	48.91%	46.58%

다. 다만 40대에서 노무현 후보는 1.3% 지고 문재인 후보는 11.5% 이긴 것이 차이가 난다. 40대 캐스팅보트론의 관점에서 보면 노무현은 지고 문재인은 이겼어야 했다. 그런데 결과는 정반대였다. 왜 이렇게 된 것일까?

해답은 유권자 분포의 차이에 있다. <표 22>와 <표 23>은 선거관리위원회가 공식 발표한 연령별 유권자 현황이다. 2012년의 인구구조는 10년 전과 비교하여 2030의 비중이 줄어들고 5060의 비중이 늘어났다는 것이 한눈에 파악된다.

이제 시뮬레이션을 해보자. 2002년의 인구구조였다면 2012년 대선의 결과는 어떻게 되었을까? 이것을 측정할 수 있는 유일한 방법은 <표 19>에서 유권자 수만 2002년 수치로 바꾸어 계산해보는 것이다.

<表 22> 16대 대선 연령별 유권자 현황

20대	8,106,862	23.2%
30대	8,790,697	25.1%
40대	7,844,964	22.4%
50대	4,527,243	12.9%
60대 이상	5,721,763	16.4%

<표 23> 18대 대선 연령별 유권자 현황

19세	711,120	1.8%
20대	6,619,594	16.3%
30대	8,155,003	20.1%
40대	8,815,045	21.8%
50대	7,780,332	19.2%
60대 이상	8,428,748	20.8%

<표 24> 시뮬레이션 1

	2002년 유권자 수 (a)	투표율(%) (b)	득표율(%)		득표수	
			박근혜(c1)	문재인(c2)	박근혜 (axbxc1)	문재인 (axbxc2)
20대	8,106,862	65.2	33.7	65.8	1,781,272	3,477,973
30대	8,790,697	72.5	33.1	66.5	2,109,547	4,238,214
40대	7,844,964	78.7	44.1	55.6	2,722,728	3,432,736
50대	4,527,243	89.9	62.5	37.4	2,543,744	1,522,176
60대 이상	5,721,763	78.8	72.3	27.5	3,259,825	1,239,906
전체	34,991,529				12,417,116	13,911,005

　　결과는 149만 3889표차로 문재인 후보가 승리한다. 다른 모든 조건이 동일할 때 인구구조만 10년 전과 같았다면 대선 결과는 바뀌었을 것이다. 내친 김에 시뮬레이션을 하나 더 해보자. 2007년 17대 대선 당

<표 25> 시뮬레이션 2

	2007년 유권자 수 (a)	투표율(%) (b)	득표율(%) 박근혜(c1)	득표율(%) 문재인(c2)	득표수 박근혜 (axbxc1)	득표수 문재인 (axbxc2)
20대(19세 포함)	7,930,379	65.2	33.7	65.8	1,742,495	3,402,259
30대	8,627,865	72.5	33.1	66.5	2,070,472	4,159,709
40대	8,479,249	78.7	44.1	55.6	2,942,868	3,688,403
50대	5,811,899	89.9	62.5	37.4	3,265,561	1,954,112
60대 이상	6,804,126	78.8	72.3	27.5	3,876,474	1,474,454
전체	37,653,518				13,897,8706	14,678,937

시의 인구구조였다면 어떻게 되었을까?

결과는 78만 1067표차로 문재인 후보의 승리다. 마지막으로 시뮬레이션을 하나만 더 해보자. 만약 2012년의 인구구조로 2002년 노무현 후보와 이회창 후보가 경쟁했다면 어떻게 되었을까?

이회창 후보가 53만 4114표차로 승리한다. 실제 노무현 후보가 57만 980표차로 승리한 것과 다른 결과다. 이상의 시뮬레이션을 통해 명확해지는 것은 인구구조의 변화가 대통령선거의 승패를 뒤바꿀 정도

<표 26> 시뮬레이션 3

	2012년 유권자 수 (a)	투표율(%) (b)	득표율(%) 노무현(c1)	득표율(%) 이회창(c2)	득표수 노무현 (axbxc1)	득표수 이회창 (axbxc2)
20대(19세 포함)	7,330,714	56.5	62.1	31.7	2,572,091	1,312,968
30대	8,155,003	67.4	59.3	33.9	3,259,408	1,863,304
40대	8,815,045	76.3	47.4	48.7	3,188,067	3,275,503
50대	7,780,332	83.7	39.8	58.3	2,591,831	3,796,576
60대 이상	8,428,748	78.7	34.9	63.5	2,315,065	4,212,225
전체	40,507,842				13,926,462	14,460,576

의 강력한 요인이 되었다는 점이다. 2012년 대선은 5060 유권자의 비중(40%)이 2030(19세 포함)의 비중(38.2%)보다 커진 최초의 대선이었다. 실제 결과도 이 같은 변화를 정확히 반영하고 있다. 인구구조의 변화로 40대 캐스팅보트론은 더 이상 유효하지 않다.

그런 점에서 2012년은 새누리당의 인구보너스기가 시작된 해라 할 것이다. 새누리당은 인구배당효과를 톡톡히 누렸다. 이러한 추세는 갈수록 심화된다. 2017년 대선의 인구구조는 2012년보다 새누리당에 더 유리해진다. 5060의 비중(44.4%)이 2030의 비중(35.7%)보다 8.7% 더 커진다. 나이가 많을수록 투표율이 높다는 점을 감안할 때 시니어 파워의 위력은 한층 강화될 것이다.

〈표 27〉 2017년 19대 대선 연령대별 유권자 비중 예측치

	유권자 비중
20대(19세 포함)	17.9%
30대	17.8%
40대	19.9%
50대	19.8%
60대 이상	24.6%

그리고 대한민국

역사에 만약은 없다. 그럼에도 2002년과 2007년 그리고 2012년의 인구구조로 '역사의 만약Historical If'을 논한 것은 시사점을 얻어 미래의

교훈으로 삼기 위함이다. 인간이 인식하든 인식하지 못하든 역사는 흘러간다. 도대체 2012년에 무슨 일이 일어났는지, 그것이 국가의 앞날에 어떤 의미를 지니는지 한국 사회는 둔감하기만 하다.

하지만 2012년은 역사적인 한 해였다. 한국 경제의 인구보너스기는 끝났고 새누리당의 인구보너스기가 시작되었다. 이것이 나라의 장래에 주는 시사점은 무엇일까? 우리보다 앞서 고령화를 경험한 일본의 사례는 많은 것을 시사해준다. 2010년 일본 유권자의 38%가 60세 이상이었다. 1980년만 해도 19%에 불과했는데 30년 사이 두 배 가까이 늘었다. 반면 20~30대는 30.2%에 불과하다. 현실 정치에서 시니어 파워가 발휘하는 위력은 높은 투표율로 인해 훨씬 커진다. 일본총합연구개발기구NIRA의 집계에 따르면, 2010년 참의원 선거에서 60세 이상 투표자가 전체에서 차지하는 비중이 44.5%인데 반해, 40세 미만 청장년층의 비중은 21.9%에 불과했다. 투표자의 평균 연령은 56세였다.

상황이 이러하다 보니 일본에서는 '실버민주주의'[37]란 용어를 심심치 않게 접할 수 있다. 이 말은 고령자가 유권자의 다수가 된 오늘의 일본 정치 현실을 압축적으로 표현하는 용어다. 정치권은 여야 가릴 것 없이 실버세대들의 구미에 맞는 공약을 내세워 이들의 표심을 얻고자 안간힘을 쓰고 있다. 이러한 스탠스에서 이탈하면 철퇴를 맞는다. 2006년

---

37 우치다 미츠루이와부치 카츠요시 지음/김영필 옮김 『실버데모크라시』, 논형, 2006년.

자민당은 2008년부터 70~74세 노인들의 의료비 부담을 10%에서 20%로 올리겠다고 결정한 직후 실시된 참의원 선거에서 참패했다. 결국 약속한 2008년이 되자 기존 10%를 그대로 유지하기로 했다. 2009년 집권한 민주당도 이를 그대로 답습했다.[38]

　정치권의 고령층 이익만을 대변하는 실버민주주의의 폐해로 세대 간 복지부담의 격차는 늘어나고 있다. 일본 경제사회종합연구소의 「세대별 연금 생애수지 보고서」에 의하면, 일본의 27세 젊은이가 평생 부담하는 국민연금 보험료는 평균 1978만 엔이지만, 지급받을 수 있는 평균 연금은 1265만 엔이다. 713만 엔을 손해 보는 것이다. 반면 62세 고령자는 평생 보험료로 1436만 엔을 내고 1938만 엔을 받아간다. 불입한 액수보다 502만 엔 더 많은 액수다. 고바야시 요헤이小林庸平 메이지 대학 교수의 연구에 따르면, 지방자치단체의 고령화율이 1% 증가할 때마다 초등학생 1명당 연간 보조금이 2000엔 정도 감소한다. 표를 의식해 고령자 복지시설 예산을 늘리면서 학교 지원금을 줄이기 때문이라는 것이다.[39] 미국 보스톤 대학의 로렌스 코틀리코프Laurence Kotlikoff 교수는 '합법적 재정에 의한 아동학대'라는 표현을 하였다. 현역세대가 자신들의 복지를 위해 국채발행 등을 남발함으로써 후세들에게 부담을 떠넘기는 행위를 일컫는 말이다. 일본 사회가 바로 그렇다.

38 '일본을 망가뜨리는 실버민주주의', 《매일경제신문》, 2012년 11월 27일.
39 '고령자 복지만 내놓은 日… 실버민주주의 위기', 《조선일보》, 2012년 11월 27일.

이러한 실버민주주의의 폐해가 한국에서도 그대로 나타날 것인지는 좀 더 두고 보아야 할 것이다. 그런데 기초연금 20만 원을 65세 이상에게 전원 지급하겠다는 대통령 공약이 하위 70%에게 10~20만 원을 차등 지급하는 것으로 후퇴했음에도 불구하고 고령층의 박근혜 대통령에 대한 지지가 큰 변함이 없는 것을 보면, 한국의 어르신들은 경제적 이해관계에 따라 정치적 입장을 쉽게 바꾸지는 않는 것으로 보인다.

새누리당의 인구보너스기와 관련하여 또 한 가지 유심히 살펴보아야 할 것이 경쟁상대인 민주당의 시대인식과 전략이다. 노무현 정부 이후 민주당은 '진보강화론 대 중도확장론', '난닝구(실용) 대 백바지(개혁)'의 내부논쟁을 거듭하고 있다. 이제까지의 전적은 진보강화론의 우세다. 이들은 아직도 '민주 대 독재' 구도에서 벗어나지 못하고 있으며, 안보불안 논란을 자초하고 시니어 파워를 우습게 아는 발언을 일삼고 있다. 장성택 처형과 이석기 구속을 동렬선상에서 비교한 유시민 전 장관의 발언은 대통령선거 TV토론에서의 통진당 후보의 막말만큼이나 새누리당에 반사이득을 안겨주었다. 고령화에 대한 대응은 피할 수도 이길 수도 없는 게임이라 했다. 그런데 민주당의 용감무쌍한 전사들이 고령화에 도전장을 내고 치열한 전투를 벌이고 있다.

이는 새누리당의 인구보너스기가 상당히 견고할 수 있음을 암시한다. 문제는 새누리당이 자신에게 주어진 이 유리한 환경을 어떻게 활용할 것인가 하는 점이다. 두 가지 방법이 가능하다. 민주당과 정책적 차별화를 확실히 할 것인가, 적당히 동조화할 것인가? 2012년 총선과 대선에서 새누리당은 안보에서는 차별화하고 경제와 복지 정책에서는 동조화하는 전략을 취했다. 종북과 NLL에서는 파상공세를 펼치면서, 경제민주화와 무상복지를 당의 새로운 노선으로 내걸었다. 이러한 선거전략은 유효했다. 자신이 약한 곳에서는 동조화전략을 취하고 강한 곳에서는 차별화전략을 취하는 합리적 선택을 했기 때문이다. 새누리당은 승리를 만끽했다.

문제는 새누리당의 승리가 나라경제의 어려움을 타개하는 데 별 도움이 안 되었다는 점이다. 경제민주화와 무상복지는 저금리·저물가·저투자·저소비의 4저불황에 빠져 있는 나라경제의 주름살을 더 깊게 패이게 했다. 역대 최저 수준의 금리와 물가에도 불구하고 소비와 투자는 빙하기에 들어섰다.

한국 경제의 인구보너스기는 2012년에 끝났다. 2016년부터는 생산가능인구가 줄어든다. 이 4년간의 완충기는 연령지진의 충격을 완화할 수 있는 마지막 기회다. 무엇을 어떻게 해야 할 것인가? 일본의 잃어버린 20년을 답습해서는 안 된다는 것은 너무나 분명하다. 우리는 그 20년 중 16년이 자민당 집권 기간이었음을 상기해야 한다. 자민당은 장기집권에 성공했지만, 일본 경제는 주저앉았다. 자민당은 실버민주주의에 질질 끌려 다녔다.

경제민주화와 무상복지는 새누리당의 손쉬운 승리를 도와줄 것이다. 그러나 나라경제에는 전혀 도움이 안 된다. 아니 해악을 끼친다. 새누리당은 승리하지만, 나라경제는 가라앉는다. 자신의 노력과 아무 상관없이 인구배당효과라는 망외望外소득을 얻은 새누리당은 정파적 이익을 위해 나라의 장래를 희생시키는 죄를 범해서는 안 된다. 경제민주화와 무상복지가 아니라 경제활성화와 일하는 복지Workfare를 내걸고 당선되는 것은 얼마든지 가능하다. 그것이 진정한 애국정당이 가야 할 길이다. 그것이 고개 숙인 대한민국을 일어서게 하는 길이다.

맺음말

　2011년 3월 동일본대지진이 발생했다. 2만여 명에 이르는 사망자와 실종자, 그리고 후쿠시마福島 원전 사고는 전 세계를 충격과 슬픔의 도가니로 몰아넣었다. 그러나 일본을 강타한 것은 쓰나미, 지진과 같은 자연재해만이 아니었다. 초고속 고령화라는 인구 재해, 경제의 성숙 단계 조기 졸업과 조로 현상, 이러한 변화에 슬기롭고 용맹하게 대처하지 못한 실버 민주주의는 일본의 쇠락을 돌이킬 수 없는 현상으로 고착화시켰다. 하버드 대학 조지프 나이 교수의 지적대로 최근 일본의 국수주의 경향은 국력 쇠퇴의 반영이다. 미래에 대한 두려움과 불안이 극단적 주장에 대한 동조로 나타나고 있는 것이다.

　지금은 제2의 한강의 기적이나 퀀텀점프를 이야기할 때가 아니다. 4저불황이라는 악순환의 고리를 무엇으로 어떻게 끊을 것인가에 총력을 기울어야 한다. 아베노믹스의 목표가 디플레 탈출이듯이, 현 단계 한국 경제정책의 과녁은 4저불황 탈출이어야 한다. 가계 부채는 관리 가능한 수준이며, 저물가는 일시적 현상이고, 디플레 위험은 거의 없다는 식의 안이한 상황 판단이 몰고 올 재앙은 너무도 명확하다. 일본의 잃어버린 20년을 멍청하게 뒤따라가는 것이다.

상황에 대한 엄중한 인식이 선행되어야 타개책 마련이 가능해진다. 한국은행은 2014년 4월 '경기판단모형에 의한 현 경기 국면 진단'이란 보고서에서 한국 경제는 2011년 상반기에 정점을 기록하고 2013년 상반기에 저점을 찍은 후 상승 국면에 있다는 진단을 내놓았다. 저금리·저물가·저투자·저소비의 4저불황은 몇 년 주기로 경기가 정점과 저점을 순환한다는 경기순환론으로 치유될 수 있는 현상이 아니다. 기존의 성장 공식이었던 불균형 성장 전략이 더 이상 작동하지 않음을 인정하고 새로운 성장 경로를 탐색해야 한다. 낙수 효과의 실종으로 출현한 디커플링 경제를 근본적으로 치유할 수 있는 길을 찾아나서야 한다.

대런 애쓰모글루Daron Acemoglu MIT대학 경제학과 교수와 제임스 로빈슨James A. Robinson 하버드 대학 정치학과 교수가 공동 집필한『국가는 왜 실패하는가』는 참으로 많은 생각을 하게 해준다. 어떤 국가가 성장하느냐 여부는 문화적 또는 지리적 요인이 아니라 제도적 요인에 의해 결정된다는 것이다. 성공 국가 대한민국과 실패 국가 북한의 운명을 가른 것은 지배계층 내지 엘리트층뿐 아니라 사회계층 전반에 공평하게 재산권과 경제적 기회를 보장하는 포용적 경제제도의 유무였다. 포용적 경제제도는 포용적 시장을 만들어내고 기술과 교육이라는 또 다른 원동력을 마련해준다. 이것이 바로 저자들이 강조한 '3·8선의 경제학'이다. 5·16 군사정변으로 집권한 박정희 정부는 권력을 자신과 군부에 몰아주는 착취적 성향의 정치제도를 도입하였지만, 경제제도는 꽤 포용적이어서 한강의 기적을 이루었다는 것이다. 그런데 착취적 정치제도와 포용적 경제제도의 결합은 불안정하여 오래 지속될 수 없는데, 한국에서 경제성장이 지속된 것은 1980년대에 포용적 정치제도로 이행했기 때문이라는 것이다.

문제는 이 같은 명쾌한 설명의 유효성이 최근 상황까지 이어지지 않는다는 점이다. 한강의 기적을 낳았고 민주화의 사회경제적 토대를 제공했던 불균형 성장 전략은 수명을 다했고, 기업과 가계 그리고 수출과 내수를 연결해 주던 낙수의 고리는 끊어졌다. 디커플링 경제는 국민 통합의 사회경제적 토대를 침식시키고 있다.

그렇다면 목표는 분명하다. 포용적 성장Inclusive Growth이 이루어지는 새로운 메커니즘을 창출하여 경제주체 및 부문 간의 탈동조화 현상을 재동조화로 전환시켜야 한다. 디커플링 경제를 리커플링 경제로 개조하는 것이다. 여기서 우리는 익숙하지 않은, 그래서 불편하게 느껴질 수 있는 진실과 마주해야 한다. 삼성전자 휴대폰을 100만 원어치 수출하는 것보다 중국 관광객이 국내에서 100만 원어치 소비하는 것이 포용적 성장과 리커플링에 훨씬 이롭다는 사실이다. 전자의 낙수 효과는 미미한 반면, 후자의 낙수 효과는 크다.

이처럼 한국 경제의 리커플링 전략은 발상의 전환으로부터 시작되어야 한다. 낙수 효과가 실종되었다고 해서 수출-제조-대기업에게 화풀이를 하는 경제민주화라는 시대착오적 처방은 문제를 더 꼬이게 할 뿐이다. 잘 나가는 사람 뒷다리 잡아 경제가 잘 풀린 사례는 없다.

경제 발전의 기본은 나누기가 아니라 키우기다. 리커플링 전략의 핵심은 새로운 생태계 조성에 있다. 세계 최고 수준의 수출-제조-대기업에 비해 현저하게 낙후되어 있는 내수-서비스업을 획기적으로 키워야 한다. 수출과 내수의 쌍끌이 전략이라는 기존의 교과서적 해법을 되풀이하는 것으로는 부족하다. 과거와 같은 정부 주도의 산업 정책은 불가능하겠지만, 국가적 자원 배분의 우선순위를 서비스산업 육성에 두어야 한다. 제조업은 이미 글로벌 플레이어가 된 대기업들이 알아서 하면 된다. 경제민주화라는 긁어 부스럼만 만들지 않으면 된다. 정부 정책의 초점도 분명히 해야 한다. 새로운 생태계 출현을 가로막는 모든 장벽을 쳐부수어야 한다. 새로운 인물들이 새로운 분야에서 마음껏 뛰어다닐 수 있는 마당을 만들어주어야 한다. 그래야 새싹이 여기저기서 돋는다. 이것이 바로 서비스 빅뱅의 요체다.

서비스 빅뱅으로 인한 새로운 세계의 출현은 대한민국의 풍경을 바꾸어 놓을 것이다. 서비스산업의 경쟁력 강화와 그에 따른 새로운 수요의 창출은 기존의 불가능을 가능으로 바꾸어 놓을 것이다. 우리는 이미 한류를 통해 경험했다. 〈별 그대〉가 없었으면 액티브 엑스는 X표 쳐지지 않았을 것이다. 중국에서 '치맥 열풍'이 불지도 않았을 것이다. 〈대

장금〉이 없었다면 그렇게 많은 요우커遊客들이 성형을 하러 한국을 찾았을 리 없다. 이제 한국은 경쟁력을 확보한 문화 콘텐츠뿐만 아니라 의료, 관광, 교육, 금융 등 고부가가치 서비스산업을 새로운 성장의 기둥으로 삼아야 한다. 저출산 고령화로 쪼그라들고 있는 소비 여력도 외국인 관광객을 많이 끌어들여 돈을 쓰게 만드는 '내수의 세계화' 전략을 통해 극복해야 한다.

노동의존도가 높은 서비스산업의 성장은 '고용 있는 성장'을 이루어 실종된 낙수 효과를 복원시키고 한국 경제의 리커플링을 촉진할 것이다. 그러나 이것만으로는 부족하다. 서비스 빅뱅은 한국 경제 리커플링의 필요조건이지 충분조건은 아니다. 새로운 먹거리를 만들어내는 것도 중요하지만, 그것을 제대로 담을 그릇을 마련하는 것 역시 긴요하다.

핵심은 무엇인가? 고용─복지─교육이 삼위일체를 이루어 근로복지문화의 일대혁신을 이루어야 한다. 무상복지가 아니라 일하는 복지를 지표로 삼아야 한다. 전술하였듯이 한국의 워킹 스피릿은 퇴화하고 있다. 표의 노예가 된 '여의도 정치'는 무상복지를 남발하고 있다. 세계에서 가장 높은 대학 진학률은 청년 고용 시장의 미스매치를 심화시키고 있다. 이제 한국 사회는 솔직해져야 한다. 우리보다 잘사는 독일, 스위스보다 두 배 높은 대학 진학률을 어떻게 졸업생들의 기대 수준에 맞는 취업으로 연결시킬지 답해야 한다. 그건 손오공의 요술 방망이로도 불가능한 일이다. 위선을 거두어야 한다. 반값 등록금 같은 허황된 공약으로 젊은이들을 오도할 것이 아니라 마이스터고를 대대적으로 육성하여 가방

끈이 길지 않아도 웬만큼 먹고 살 수 있는 환경을 조성해야 한다.

워킹 맘 울리는 무상보육 정책을 시행하면서 여성의 경력 단절을 극복하겠다는 이율배반 또한 부끄러워해야 한다. 재정 건전성 강화를 이야기하면서 무상복지를 남발하는 낯 뜨거운 행위도 그만두어야 한다. 각 분야가 따로 노는 분절적分節的 정책으로는 위기를 타개할 수 없다. 재정, 산업, 고용, 복지, 교육 등 분야는 다르더라도 모든 정책의 방향성이 일치해야 한다.

정치는 타이밍의 예술이라고 하는데 정책 역시 마찬가지다. 실기를 하면 되돌릴 수 없는 상황이 되거나 처방이 가능하더라도 훨씬 큰 비용을 지불해야 한다. 이제 한국은 창조적 고민을 통해 일본화의 위기를 슬기롭게 극복하는 초일超日의 길을 개척해야 한다. 국민들 역시 'No Pain, No Gain'의 정신으로 돌아가 다시 뛰어야 한다. 그것이 '고개 숙인 대한민국'을 다시 일어서게 하는 길이다.

볼륨이 풍성하지 못하고 내용도 엉성하지만, 이 책의 집필은 개인적으로 고통의 시간이었다. 유학 시절 박사 학위 논문을 쓸 때보다 힘들었던 것 같다. 어렵사리 마친 원고를 출판사에 넘긴 이후 발생한 세월호 참사는 마음을 천근만근으로 만들었다. 그나마 한 가지 자위할 수 있었던 것은 실로 오랜만에 책을 한 권 써냈다는 성취였다. 현실 정치에 몸담으며 적지 않은 것들과 타협했지만, 그래도 출판기념회는 한 번도 열지 않았다. 영혼이 담기지 않은 책을 내기는 정말이지 싫었다. 끝까지 읽어주신 독자 여러분께 머리 숙여 인사 올린다.